essentials

essentials liefern aktuelles Wissen in konzentrierter Form. Die Essenz dessen, worauf es als „State-of-the-Art" in der gegenwärtigen Fachdiskussion oder in der Praxis ankommt. *essentials* informieren schnell, unkompliziert und verständlich

- als Einführung in ein aktuelles Thema aus Ihrem Fachgebiet
- als Einstieg in ein für Sie noch unbekanntes Themenfeld
- als Einblick, um zum Thema mitreden zu können

Die Bücher in elektronischer und gedruckter Form bringen das Expertenwissen von Springer-Fachautoren kompakt zur Darstellung. Sie sind besonders für die Nutzung als eBook auf Tablet-PCs, eBook-Readern und Smartphones geeignet. *essentials:* Wissensbausteine aus den Wirtschafts-, Sozial- und Geisteswissenschaften, aus Technik und Naturwissenschaften sowie aus Medizin, Psychologie und Gesundheitsberufen. Von renommierten Autoren aller Springer-Verlagsmarken.

Weitere Bände in der Reihe http://www.springer.com/series/13088

Karin von Schumann · Claudia Harss

Einführung in das topografische Coaching

Lösungen mit dem Raummodell – mit einem Geleitwort von Wolfgang Looss

Springer

Dr. Karin von Schumann
Von Schumann Coaching & Consulting
München, Deutschland

Dr. Claudia Harss
TWIST Consulting Group
München, Deutschland

ISSN 2197-6708   ISSN 2197-6716   (electronic)
essentials
ISBN 978-3-658-19475-8   ISBN 978-3-658-19476-5   (eBook)
DOI 10.1007/978-3-658-19476-5

Die Deutsche Nationalbibliothek verzeichnet diese Publikation in der Deutschen Nationalbibliografie; detaillierte bibliografische Daten sind im Internet über http://dnb.d-nb.de abrufbar.

Gedruckt auf säurefreiem und chlorfrei gebleichtem Papier

Springer ist Teil von Springer Nature
Die eingetragene Gesellschaft ist Springer Fachmedien Wiesbaden GmbH
Die Anschrift der Gesellschaft ist: Abraham-Lincoln-Str. 46, 65189 Wiesbaden, Germany

Was Sie in diesem *essential* finden können

- Eine fundierte und gleichzeitig praxisnahe Einführung in das topografische Coaching
- Eine plastische Darstellung der Räume, die der Klient durchläuft, mit Fallbeispielen
- Eine Beschreibung der zentralen Aufgaben und Rollen des topografischen Coaches in jedem dieser Räume

Geleitwort

Die professionelle Coaching-Szene ist sicher nicht arm an allerlei methodischen Ideen und „tools" entlang der Frage, wie sich diese oder jene Anliegen von Klienten sinnvoll bearbeiten lassen. Doch gelegentlich erscheint im Rauschen der „How-to"-Publikationen eine wirkliche Innovation, die ein originelles und wegweisend neues Verständnis unserer beraterischen Arbeit aufzeigt. Mit einem solchen Beitrag haben wir es hier zu tun. Die Autorinnen zeigen eine andere, bestechend griffige Sicht auf unsere Arbeit als Beratungsmenschen, die sich im Alltag als ausgesprochen nützlich erweisen dürfte.

Sie greifen dabei eine Idee aus der psychotherapeutischen Arbeit von Christian Mayer auf, die sich ihrerseits konzeptionell auf das uns allen geläufige „Geschichtenerzählen" stützt. Das hat schon vor Jahren den Weg in die Managementwelt gefunden und nutzt jene archaische Kommunikations-Tätigkeit, die wir Menschen ja schon immer – von den ersten geschichtlichen Anfängen an – zur Sinnproduktion, Problemlösung und Orientierungsarbeit eingesetzt haben. Soweit erst mal keine wirkliche Innovation.

Originell und produktiv wird die millionenfach erprobte kommunikative Vorgehensweise erst durch die Kombination mit zwei weiteren Elementen: Zum einen haben die Autorinnen eine höchst einprägsame – und intuitiv rasch verständliche -Metaphorik gefunden, um Sequenzen persönlicher Entwicklung zu beschreiben. Zum andern setzen sie eine einfache, musterhafte und archetypische Struktur ein, mit der auch die Schrittfolge bei persönlicher Entwicklung oder Problembewältigung eingängig beschrieben werden kann.

Wie so oft, ist jedes dieser Elemente für sich genommen durchaus bekannt, der Charme und die Wirksamkeit liegen in der gelungenen Kombination zu einem sofort verständlichen Aussagesystem über das, was beim Coaching geschieht. Der Effekt ist bestechend, auch und gerade für erfahrene Beratungspraktiker: Schon beim ersten Aufnehmen dieser überschaubaren „konzeptionellen Landkarte" laufen reihenweise Assoziationen zu real erlebten Beratungsverläufen ab. Es entsteht im wahrsten Sinn des Wortes „Einsicht": während die Perspektive wechselt, wird beraterisch Erlebtes plötzlich folgerichtig, Phänomene können sortiert werden, schlagartig treten Orientierungsschübe auf, es geht mir ein Licht auf.

Und damit gehört das hier beschriebene Muster wohl schon bald zu dem Vorrat an berühmt gewordenen, immer wieder nützlichen weil wegweisenden Bildern und Modellen unserer Zunft („beraterische Folklore"). Sie sind in Generationen von Nutzern klassisch geworden als Denk- und Sortierhelfer: das Johari-Fenster, die Abstraktionsleiter, das Vier-Ohren-Modell, Watzlawicks Hammer, das Eisenhower-Schema, um nur einige zu nennen. Mit dem topografischen Blick haben wir nun ein sehr praktisches weiteres Denkmodell, dem eine sehr rasche Verbreitung zu wünschen ist.

Darmstadt   Dr. Wolfgang Looss
im Juli 2017

Danksagung

Unser ganz besonders herzlicher Dank geht an Katharina Wanninger B.Sc. für das ausgesprochen hilfreiche und engagierte Lektorat des Manuskripts.

Karin von Schumann
Claudia Harss

Inhaltsverzeichnis

Einleitung

1

Was Romane und Filme mit Entwicklungsprozessen und Problemlösungen im Coaching zu tun haben? Mehr als Sie denken! „Every complete story is really an analogy for the human mind's problem solving process" schreibt der Drehbuchautor Jim Hull (2010) auf seinem Blog: Filme, Märchen, Romane und Erzählungen aller Art sind eine unerschöpfliche Quelle dafür, wie Menschen Probleme lösen (oder auch nicht). Genau das ist es, was uns an diesen Geschichten so fasziniert: Wir lernen welche Probleme uns im Leben begegnen können und wie sie am besten zu lösen sind. Diese Analogie zwischen Entwicklungsgeschichten in der Literatur und im Leben sieht auch der Arzt und Psychotherapeut Christian Mayer. In seinem Buch „Wie in der Psychotherapie Lösungen entstehen" (Springer 2016) legt er überzeugend dar, dass typische Patientengeschichten einer universellen Struktur folgen, die auch in literarischen Geschichten oder Film-Plots zu beobachten ist. Der Protagonist durchläuft verschiedene Phasen oder bildlich gesprochen „Räume" und man kann sich demnach den Weg vom Ursprung eines Problems bis zur Lösung gleichsam als Reisegeschichte vorstellen. Wir stellten uns die Frage: Gilt das auch im Coaching?

Auch Klienten verwenden häufig räumliche Bilder, um Probleme oder psychische Zustände zu beschreiben: *„Ich fühle mich eingesperrt, im luftleeren Raum, ich habe die Orientierung verloren, sitze in einem goldenen Käfig…"* Allein diese Beobachtung suggeriert, dass auch „Gesunde" ihre persönliche Entwicklung gleichnishaft in Räumen ausdrücken. Im topografischen Coaching wird etwa auch eine Beförderung oder eine Reorganisation mit daraus resultierendem neuen Verantwortungsbereich oder veränderten Teamstrukturen als Raumwechsel verstanden. Diese „Räume im übertragenen Sinn" kann man sich in ihrer Gesamtheit als Landkarte vorstellen und sich entsprechend daran orientieren.

© Springer Fachmedien Wiesbaden GmbH 2018
K. von Schumann und C. Harss, *Einführung in das topografische Coaching*, essentials, DOI 10.1007/978-3-658-19476-5_1

Welche typischen Stationen beinhaltet nun das Raumodell des topografischen Coachings? Von einem idealen Ort, Dorado genannt, gelangt man zunächst in eine verwirrende, fremdartige Rätselzone, vor der man sich zu schützen versucht, zunächst provisorisch, danach in einem echten Refugium. Aus diesem bricht man gestärkt und gereift wieder auf, um schließlich erneut an einen Ort zu gelangen, an dem äußere Bedingungen und eigene Bedürfnisse im Einklang sind. Dieser universelle Charakter des Raummodells bietet Orientierung, sowohl für den Betroffenen selbst als auch für den professionellen Begleiter oder die Führungskraft.

Auch für den topografisch arbeitenden Coach stehen nach wie vor die individuellen Verhaltensweisen, Einstellungen und das jeweilige systemische Umfeld seiner Klienten im Vordergrund. Darüber hinaus bietet das Raumodell auch die Option von diesen individuellen Faktoren zu abstrahieren und prototypische Verläufe und Strukturen zu entdecken. Der Fokus im Coaching verlagert sich von der Frage „Wer ist der Klient, welche Entwicklungspotentiale hat er und welche seiner Stärken können gefördert werden?" hin zur Frage: „Wo befindet sich der Klient auf der topographischen Entwicklungslandkarte". Bestimmte dysfunktionale Verhaltensmuster oder suboptimale Handlungsstrategien sind in bestimmten Phasen typisch oder „normal". Hier nicht in der Entwicklung festzustecken, sondern beherzt den nächsten Raum aufzusuchen ist der Kompass, mit dem Klient und Coach sich sicher fortbewegen und stückweise zum Ziel gelangen.

2.1 Universelle Lösungsgeschichten in der Psychotherapie – das Raummodell von Christian Mayer

„Ich fühle mich eingesperrt, im luftleeren Raum, ich habe die Orientierung verloren, sitze in einem tiefen Loch…" Im Gespräch mit Patienten fällt auf, dass sie sehr oft räumliche Methapern verwenden. Allein diese Beobachtung suggeriert schon ein Raummodell, das scheinbar eine sehr geläufige Problemvorstellung ist. Letzlich waren es jedoch mein Zugang zur Kunstterhapie sowie die Bilder und Zeichnungen meiner Patienten, die mich auf die Idee von allgemeinen Lösungsgeschichten brachten. Regelmäßig taucht ein typischer Verlauf, tauchen typischen Stationen auf, die Patienten auf dem Weg zur Problemlösung bzw. Gesundung durchlaufen (Christian Mayer im Gespräch mit den Autorinnen, Mai 2017).

In seinem Buch „Wie in der Psychotherapie Lösungen entstehen" (Springer 2016) beschreibt der Arzt und Psychotherapeut Christian Mayer welche Stationen oder Räume Patienten durchlaufen, um zur Lösung in der Therapie – und vor allem natürlich im Leben – zu kommen. Regelmäßig existiert ein idealer Ort, Mayer nennt ihn *Paradies*, aus dem der Patient sozusagen vertrieben wird. Daraufhin gelangt er in eine verwirrende, fremdartige *Rätselzone*, vor der er sich zu schützen versucht, indem er angestrengt ein *Provisorium* aufrechterhält. Im nächsten Raum, *Diaspora* genannt, sucht er sich einen Rückzugsort mit sicheren Grenzen. Aus diesem Schutzraum bricht er gestärkt ein zweites Mal in die Rätselzone auf um schließlich wieder an einen für ihn idealen Ort zu gelangen *(modifiziertes Paradies* oder *dritter Ort)*.

Indem Mayer einen völlig neuen therapeutischen Blickwinkel einnimmt und dabei von den jeweils individuellen Erfahrungen und Charakteristika der Patienten abstrahiert, stößt er auf prototypische Verläufe und Strukturen. Er fragt

© Springer Fachmedien Wiesbaden GmbH 2018
K. von Schumann und C. Harss, *Einführung in das topografische Coaching*, essentials, DOI 10.1007/978-3-658-19476-5_2

sich nicht mehr primär „wer" ein Patient ist, sondern „wo" sich dieser in seiner Geschichte befindet und zieht daraus Schlüsse, welche nächsten (Therapie-)
Schritte anstehen. Dieses Sich-Lösen von gewohnten, scheinbar bewährten Sichtweisen – in diesem Fall von Diagnose-Schemata der Psychiatrie – ist zeitgemäß
und zukunftsweisend. In unserer volatilen, unsicheren und komplexen Welt führt
ein unverstellter, neuer, ja neugieriger Blick oft zu besseren Lösungen als das sich
Verlassen auf scheinbar bewährte Schemata. „Unlearning" könnte man dieses
Motto nennen. In der Dokumenta 14, der weltweit größten Ausstellung zeitge-
nössischer Kunst (2017 in Athen und Kassel) beispielsweise hießen die Führer
durch die Ausstellung „Uneducation-Team" und hatten das Gegenteil von traditi-
oneller „Kunsterziehung" im Sinn. Als Ethnologen, Archäologen oder Architek-
ten luden sie die Besucher zu einem unverstellten sowie interdisziplinären Blick
auf die Ausstellung ein. Dieser Vergleich erscheint uns passend, da auch Mayers
Ansatz kreativ und fachübergreifend ist. Zum einen regt er auf dem Hintergrund
seiner Kunsterfahrungen die Patienten zur bildlichen Darstellung ihrer aktuellen Situation bzw. ihres Zustands an und erkennt dabei aus diesen Bildern oder
Skizzen auf den ersten Blick „wo" sich der Patient gerade befindet. Zum anderen
hat er in der Literatur- und Filmwissenschaft ein auf Räumen basierendes Modell
gefunden, die er auch in seinen Patientenbildern wiedererkennt. „Ein Bild ist eine
räumliche Darstellung eines Sachverhalts, eines Problems und ganz ähnlich analysieren Literaturwissenschaftler Geschichten. Sie denken Geschichten räumlich
und beobachten, wie der Protagonist verschiedene Räume betritt, verlässt, hängen
bleibt – insofern hat sich das sehr gut ergänzt mit der Bildbetrachtung" (Christian
Mayer im Gespräch mit den Autorinnen, Mai 2017).

Das Raummodell von Mayer und damit auch das topografische Coaching
haben also Wurzeln in der Erzähl- und Filmtheorie und nehmen etliche Anleihen
und Anregungen davon auf. Der Exkurs im nächsten Abschnitt stellt dies für interessierte Leser in Kurzform dar. Wer primär an der praktischen Anwendung des
Raummodels im Coaching interessiert ist, kann diesen Exkurs überspringen.

Abschließend möchten wir uns bei Dr. Mayer dafür bedanken, dass wir sein
Modell als Basis des topografischen Coachings nutzen dürfen und er uns immer
wieder für Fragen sowie anregende Diskussionen zur Verfügung steht.

2.2   Exkurs: Anleihen aus der Erzähltheorie und Filmwissenschaft

Das konventionellste Schema eines erzählenden Textes kennt man vielleicht
noch aus dem Schulunterricht. Demnach leitet die *Exposition* mit der Vorstellung
der handelnden Figuren einen Text ein. Die Handlung wird im darauffolgenden

Hauptteil entwickelt und an einen dramatischen Höhepunkt geführt. Der *Schluss* beendet letztlich den Text. Dieses Schema stammt eigentlich aus der Dramenanalyse und geht in Ansätzen auf Aristoteles zurück.

Das Denken in Räumen und Grenzen zur Beschreibung von Veränderungen, ein topologischer Ansatz der Erzähltheorie, wurde erstmals vom russischen Semiotiker und Literaturwissenschaftler Juri Lotmann (1922–1993) eingeführt. Ausgehend von der Beobachtung, dass wir die Welt vorzugsweise mit räumlichen Charakteristika erklären, suchte er auch in Geschichten nach *Räumen,* in denen sich der Protagonist aufhält oder die er im Laufe der Geschichte durchwandert. Demnach beginnt jede Geschichte in einem relativ stabilen Ausgangsraum. Auf diesen folgt ein Mittelteil, in dem sich der Protagonist, zum Beispiel durch eine Erkenntnis, transformiert. Die Geschichte endet schließlich mit einem Schlussteil, der zwar wieder vorübergehend stabil ist, sich jedoch vom Ausgangsraum unterscheidet. Der Protagonist muss also mindestens zwei Grenzen überschreiten, um ein Abenteuer zu bestehen und dabei eine Veränderung durchlaufen, damit eine interessante Geschichte entsteht.

Haben Sie Lust auf ein kleines Experiment? Dann lesen Sie bitte die Absätze A und B und entscheiden, bei welchem von beiden es sich um eine „minimal story" handelt, bevor Sie weiterlesen.

A. Ein Schriftsteller hat seit Tagen keine Zeile geschrieben. Er gibt auf, verlässt sein Arbeitszimmer und geht ins Café. Dort trifft er zufällig einen alten Schulfreund, unterhält sich mit diesem über gemeinsame Erinnerungen und kehrt wieder an seinen Schreibtisch zurück.
B. Ein Schriftsteller verlässt sein Arbeitszimmer, weil er seit Tagen keine Zeile geschrieben hat. Er geht ins Café und trifft dort zufällig einen alten Schulfreund. Während er sich mit diesem über gemeinsame Erinnerungen austauscht kommt ihm plötzlich die Idee. Aufgeregt eilt er zurück an den Schreibtisch – seine Blockade ist überwunden.

Erst die Veränderung des Protagonisten im zweiten Beispiel macht aus einer reinen Aneinanderreihung von Geschehnissen eine Geschichte. Topografisch betrachtet transformiert der Schriftsteller sich bei der Überschreitung der Grenzen zwischen den Räumen. Er „gibt auf", wenn er den Ausgangsraum verlässt, hat eine „Idee", sobald er den Mittelraum betritt, und kommt zu einer Lösung, wenn er diese Erkenntnis mit in den Schlussraum bringt. Das Entscheidende passiert also an den Grenzen der Räume, weshalb Juri Lotman diese Grenzüberschreitungen als *Ereignis* definiert und dafür zahlreiche Belege aus Romanen zitiert (Lotmann 1993).

„Every complete story is really an analogy for the human mind's problem solving process" schreibt der Drehbuchautor Jim Hull (2010) auf seinem Blog. Filme, Märchen, Romane, Erzählungen aller Art sind eine unerschöpfliche Quelle dafür, wie Menschen Probleme lösen (oder auch nicht). Genau das ist es, was uns an diesen Geschichten so fasziniert: Wir lernen welche Probleme uns im Leben begegnen können und wie sie am besten zu lösen sind. Beim Mitfühlen und -leiden mit Film- und Buchprotagonisten erweitern wir also nach Hulls Auffassung den Schatz an eigenen Lösungsstrategien für unterschiedliche Problemsituationen. Somit erscheint es nur logisch die Stationen und Räume, die in medial vermittelten Geschichten durchlaufen werden, auf Verläufe und Lösungsprozesse im Coaching zu übertragen.

2.3 Die Stationen des topografischen Coachings im Überblick

Universell anwendbar wird unser topografisches Modell erst durch den Einbezug von Räumen im übertragenen Sinne. Im topografischen Coaching wird etwa auch eine Beförderung oder eine Reorganisation mit daraus resultierendem neuen Verantwortungsbereich oder veränderten Teamstrukturen als Raumwechsel verstanden. Diese metaphorischen Räume kann man sich in ihrer Gesamtheit als Landkarte vorstellen und sich in der Arbeit mit Klienten entsprechend daran orientieren. Abb. 2.1 stellt diese Landkarte im Überblick dar.

Dorado
Dies ist der Ausgangspunkt der Entwicklung und der Ort größtmöglicher Realitätsanpassung, an dem Umweltanforderungen einerseits, Bedürfnisse und Fähigkeiten des Klienten andererseits maximal übereinstimmen. Das Dorado kann sich, wie alle anderen Räume auch, entweder eher im Äußeren (die Expatriatestelle in Vancouver, das Projekt X mit dem Kunden Y) oder aber eher im Inneren, also als Zustand (der Teamspirit vor der Fusion, das Hochgefühl nach dem bestandenen Assessment Center oder der ersten Beförderung) verorten lassen.

Rätselzone
Unmittelbar nach dem Auszug oder der Vertreibung aus dem Dorado wird der Coachee in die Rätselzone geworfen. Sein bisheriges Schema, mit dem er die Welt betrachtet hat, gilt hier nicht mehr, weshalb er diese Phase zunächst als

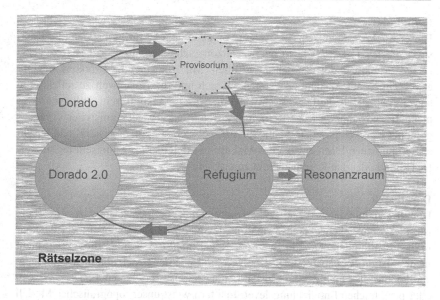

Abb. 2.1   Die Landkarte des topografischen Coachingmodells

beängstigend und voller unkontrollierbarer Überraschungselemente erlebt. Gerade diese Dekonstruktion seiner bisherigen Weltsicht ist jedoch die Voraussetzung für eine Neubetrachtung der Welt und damit für eine persönliche Entwicklung. Wie Abb. 2.1 zeigt, wird die Rätselzone auf der Reise zweimal betreten. Beim ersten Mal schutzlos und verängstigt nach dem Verlassen des Dorados, weshalb es an dieser Stelle noch zu keinen neuen Erkenntnissen kommen kann. Beim zweiten Mal, nach dem Verlassen des Refugiums (s. u.) dagegen zuversichtlich, gestärkt und mit einer Vorstellung wohin die weitere Reise geht sowie einem Kompass in der Hand.

Provisorium
Nach einem kurzen Schockmoment beim ersten Betreten der Rätselzone verfallen viele Coachees in hektische Aktivitäten um die innere oder äußere Bedrohung abzuwehren. Weil sie die Welt um sich herum aber noch nicht verstehen, die neue Situation für sie verwirrend ist und zu Ratlosigkeit führt, versuchen sie vergeblich ins untergegangene, verlorene oder für sie versperrte Dorado zurückzukehren oder erschöpfen ihre Kräfte durch unkoordiniertes und vergebliches Handeln.

Refugium

Dieser Rückzugsraum schafft Abstand von allen ungelösten Problemen und Katastrophen denen der Klient in der Rätselzone schutzlos ausgesetzt ist. Zunächst ist das primäre Bedürfnis sich auszuruhen. Mit zunehmender Erholung beginnt er die Dinge mit Abstand zu betrachten, sich und die Außenwelt zu reflektieren sowie erste Ideen darüber zu entwickeln, was in Zukunft sein sollte und was nicht. Irgendwann wird das Refugium zu eng und als Gefängnis oder sogar als goldener Käfig empfunden. Schließlich macht sich der Klient gestärkt und ausgestattet mit neuen Ideen ein zweites Mal auf in die Rätselzone, um sein modifiziertes Dorado oder den Resonanzraum zu erreichen.

Dorado 2.0

Um diesen mit dem Ausgangsraum vergleichbaren Idealzustand zu erreichen, ist eine vorausgehende Transformation des Klienten notwendig. Eine Rückkehr in das ursprüngliche Dorado ist in der Regel nicht möglich, da dieses (so) nicht mehr existiert. Dennoch landen Klienten am Ende der Geschichte meist in einem vergleichbaren Umfeld oder Zustand, idealerweise auf einem höheren Niveau oder persönlichen Entwicklungslevel. Insofern weist unser topografisches Modell in der Regel ein zirkuläre Komponente auf.

Resonanzraum

Eine Variante zu dieser zirkulären Bewegung und damit eine Alternative zum Dorado ist der Resonanzraum. Hier findet der Klient, ohne sich selbst ändern zu müssen, einen Platz, der optimal zu seinen Fähigkeiten und Bedürfnissen passt. Die Aufgabe besteht aus der Suche nach einem Ort, mit dem der Klient – so wie er ist – in Resonanz ist.

2.4   Vielleicht erinnert Sie das Raummodell an ...

...die Prozesse der Assimilation und Akkomodation nach Jean Piaget?

Die Psychologen unter unseren Lesern werden sich durch den Entwicklungsaspekt des topografischen Modells an die Theorie des Schweizer Psychologen Jean Piaget (1896–1980) erinnert fühlen, der die Entwicklungspsychologie auf dem Gebiet der kognitiven Entwicklung stark geprägt hat. Zurecht! Nach Piaget verfügen wir über fundamentale angeborene Tendenzen zur *Adaption,* zur Anpassung an die Umgebung. Diese umfasst zwei komplementäre Prozesse, *Assimilation und Akkomodation. Durch Assimilation* verändern wir die Umwelt, um sie den eigenen Bedürfnissen, Wünschen usw. anzupassen. Dies passiert in unserem

Modell, indem wir einen Resonanzraum (auf)suchen. Durch *Akkomodation* (in unserem Modell nach einer Transformation im Refugium) verändern wir unser eigenes Verhalten, um uns selbst den Umweltbedingungen anzupassen. Nach Piaget ist der Mensch bestrebt, durch Akkomodation und Assimilation immer wieder ein *Äquilibrium* herzustellen, also einen Gleichgewichtszustand. Er möchte „in Harmonie" mit sich und seiner Umgebung leben (Piaget und Fatke 1985). Wir würden sagen, er ist bestrebt sich im Dorado oder Resonanzraum aufzuhalten.

...das Trauerkreis-Modell von Verena Kast?

Ähnlichkeiten und Überschneidungen gibt es auch mit dem Trauerkreis-Modell. Verena Kast beobachtete Patienten in verschiedenen Trauerphasen und entdeckte dabei allgemeingültige Muster, die sie 1990 in ihrem Buch „Trauern" beschrieb. In Form eines Kreislaufs der Veränderung (Abb. 2.2) werden diese auch auf Changeprozesse angewendet. In der ersten *Phase des Nicht-Wahrhaben-Wollens* wird der Verlust nicht akzeptiert, die *Phase der aufbrechenden Emotionen* ist durch intensive Wut, Trauer, Zorn und/oder Angstgefühle gekennzeichnet, in der dritten *Phase des Erinnerns* wird in gedanklicher Beschäftigung der Zustand vor dem Verlust oder der Veränderung gewissermaßen nochmals durchgearbeitet, um sich dann in der letzten *Phase der Loslassens* wirklich zu trennen sowie den Verlust akzeptieren zu können (Kast 1990). Wie im topografischen Coaching wird auch im Trauerkreis-Modell bzw. im Kreislauf der Veränderung

Abb. 2.2 Der Kreislauf der Veränderung

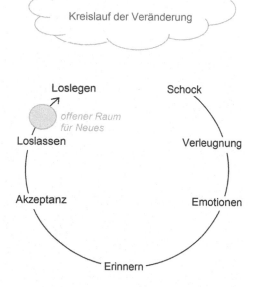

die Bewältigung von Problemen als Realitätsanpassung und Lernprozess gesehen. Übersetzt in das neue topografische Modell enden die vier Phasen jedoch kurz vor dem zweiten Aufbruch in die Rätselzone. Also genau dort, wo es im Coaching besonders spannend und konstruktiv wird. Auch wirkt dieses Modell insgesamt passiver und schicksalhafter: Eine Phase wird durchlaufen, ein neuer Raum wird betreten. Im Vergleich dazu weist das topografische Coaching einen aktiveren Charakter auf, bildet insbesondere auch selbst initiierte Veränderungsprozesse („Ich will mich weiterentwickeln") ab und ist damit für Coachees insgesamt passender.

...das Konzept der narrativen Psychologie?

Im topografischen Coaching sprechen wir von Lösungsgeschichten und sehen unsere Wurzeln auch in der Literaturwissenschaft. Gemeinsamkeiten mit der narrativen Psychologie (Zusammenfassung u. a. bei Boothe 2010) bestehen jedoch nicht. In der narrativen Psychologie werden Erzählungen als hochgradig individuelle, nachträglich sinnstiftende Konstrukte betrachtet, während wir den Fokus auf den strukturellen und universellen Aspekt von Lösungswegen legen.

Der ideale Ort oder: Das Dorado 3

3.1 Dorado und Dorado 2.0

Beschreiben lässt sich das Dorado als ein höchst erstrebenswerter Zustand des Wohlbefindens der auf einem Einklang der selbst geschaffenen oder gefundenen äußeren Bedingungen einerseits und den Möglichkeiten sowie Bedürfnissen, die der Klient mitbringt, andererseits beruht. Nichts reibt, alles läuft wie geschmiert, keine nennenswerten Wünsche bleiben offen! Innen und außen sind homöostatisch im Einklang und der Klient verhält sich optimal realitätsangepasst. Die Mehrzahl der Klienten, die ein Coaching in Anspruch nehmen, befindet sich leider keineswegs im erstrebenswerten Dorado, sondern wollten oder mussten es verlassen (siehe Abschn. 3.3).

Im Laufe seiner Entwicklung sollte es dem Klienten mit Unterstützung des Coaches gelingen, wieder einen ähnlich kräfteschonenden und erfreulichen Zustand zu erreichen, wie es das Dorado vor dem Verlassen war. Ziel und vorläufiger Endpunkt der Entwicklung ist damit ein neuer, realitätsangepasster Idealzustand, das Dorado 2.0 (siehe Abb. 3.1). Um dies zu Erreichen, ist meist eine Transformation des Klienten notwendig, sonst bliebe alles beim Alten und eine Entwicklung hätte im Coaching nicht stattgefunden.

3.2 Wartungs- und Verschönerungsarbeiten am Dorado

Julia S. kündigt an, drei Doppelstunden wären für ihr Anliegen ausreichend. Ihre Werbeagentur läuft prächtig, sie hat tolle Kunden und ihr Team im letzten Quartal erneut erweitert. Privat gibt's auch keine Probleme. Partnerschaft, Freunde, Sport und Job der Klientin stimmen. Was will diese Frau im Coaching?

© Springer Fachmedien Wiesbaden GmbH 2018
K. von Schumann und C. Harss, *Einführung in das topografische Coaching*, essentials, DOI 10.1007/978-3-658-19476-5_3

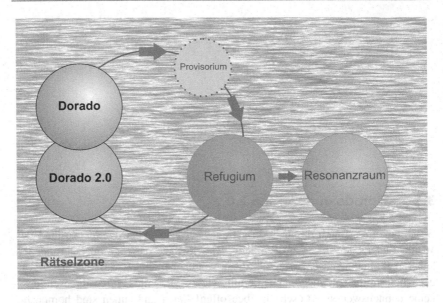

Abb. 3.1 Dorado und Dorado 2.0

Nach den Zielen des Coachings befragt, hat Julia S. sehr klare Vorstellungen:
Sie möchte eine Bestandsaufnahme des beruflichen und privaten Status quo, um
zu sehen wo sie etwas noch besser oder anders machen könnte. Auch will sie
prüfen, ob sie sich mit einem Kollegen verpartnern sollte, um den Bereich Social
Media weiter nach vorne zu bringen. Sie äußert zudem sehr klare Erwartungen
an den Coach: *„Seien Sie mein Sparringspartner, helfen Sie mir bei einer struk-
turierten Analyse meiner Abläufe und Pläne und geben Sie mir absolut offenes,
gerne auch kritisches Feedback!"*.

Julia S. ist im Lot, sie befindet sich bereits wieder oder immer noch im Dorado
und nimmt regelmäßige *„Wartungs- und Verschönerungsarbeiten"* vor, um es lang-
fristig zu erhalten. Es handelt sich hier um eine sehr reife und eigenverantwortliche
Art der Realitätsanpassung, die obendrein äußerst kräfteschonend ist. Um herauszu-
finden, wo sich eventuell die Bedürfnislage des Klienten und reale Gegebenheiten
seines Dorados auseinanderbewegen, werden im topografischen Coaching die Zufrie-
denheit mit verschiedenen Bereichen der Arbeitswelt (z. B. Auftragslage, Aufgaben,
Mitarbeiter usw.) und anderen Lebensbereichen (z. B. Familie und soziale Kontakte,
Hobbys, Freizeit) systematisch analysiert. Hilfreich können bei dieser Spurensuche auch Reflexions- und Feedbacktools sein (360° Feedback, Kundenbefragung,

Persönlichkeitsinventare). Das Motto dabei ist jeweils: Wehret den Anfängen! Das gesamte Dorado als „schöngeredete Scheinwelt" infrage zu stellen wäre dagegen ein Kunstfehler!

3.3   Die heile Welt geht verloren

Die meisten unserer Coachingklienten haben das Dorado bereits aus einem der drei folgenden Gründe verlassen (müssen):

Aufbruch aus Verlangen
Der Klient verlasst das Dorado freiwillig, weil er sich entweder weiterentwickelt hat oder entwickeln will. Etliche Geschichten der Literatur vom „Hänschen klein" bis zu Marco Polo greifen dieses Motiv auf. Neugierde, Abenteuerlust und der Wunsch sich zu entwickeln treiben den Helden. In Joachim Meyerhoffs Roman „Alle Toten fliegen hoch" sagt der Protagonist beispielsweise:

„Und so beschloss ich, dass dies der wichtigste meines bisher, wie ich fand, durchaus schönen, aber doch auch faden Lebens werden könnte... Da ergriff mich, ja überwältigte mich eine Aufbruchsstimmung wie noch nie. Eine Gier nach neuem: Neuen Orten, Gesichtern, ach egal. Hauptsache anders als es war!" (Meyerhoff 2016, S. 23).

Ein Klient, der ein Transitionscoaching in Anspruch nimmt und im neuen Job extrem gefordert ist, sagt zurückblickend mit einem Anflug von Wehmut: *„Eigentlich gab's keinen Grund für mich den Job zu wechseln, alles hat gestimmt! Ich hab nur keine Entwicklungsperspektive gesehen und mich manchmal schon gelangweilt. Nun, davon kann jetzt keine Rede mehr sein (grinst)."*

Das Dorado wird beschädigt oder zerstört durch äußere Umstände und existierte plötzlich nicht mehr
Chefwechsel, Umstrukturierungen, kritische Lebensereignisse außerhalb des Unternehmens... *„Wir waren ein richtig gutes Team und dann wurde die Firma verkauft!"*, heißt es dann beispielsweise. Ein sogenanntes „Metaereignis" hat das Dorado zerstört.

Drohende oder tatsächliche Vertreibung aus dem Dorado
Der Klient muss das Dorado wegen eigenen Fehlverhaltens verlassen oder es drohte die Vertreibung, wenn er sich nicht schnell genug an Veränderungen anpasst.

Im Coaching berichtet Peter A. in wütend verzweifeltem Tonfall von seiner drohenden Vertreibung aus dem Dorado, falls er sein Verhalten nicht ändert: *„Bis Dezember lief alles in meinem Bereich wie am Schnürchen und dann habe ich eine Abmahnung bekommen. Mir ist gegenüber zwei Mitarbeitern der Kragen geplatzt und die haben sich dann beim Betriebsrat beschwert. Ich soll hier mein Konfliktverhalten reflektieren und ändern."*

Auch wenn die Aufmerksamkeit des Coaches und des Klienten damit schnell auf den Anlass des Coachings gezogen wird, beginnt die eigentliche Geschichte nicht im offensichtlichen Chaos, sondern im Dorado. Im topografischen Coaching wird das Dorado daher bewusst beachtet, auch wenn es verloren oder verlassen wurde.

3.4   Das Dorado als erdender Standpunkt und Ressource

Für das Ziel im Businesscoaching gibt es oft klare Vorgaben, in welche Richtung eine Anpassungsleistung seitens des Klienten erwartet wird: *„Ich soll hier mein Konfliktverhalten reflektieren und ändern"*, meint der weiter oben bereits zitierte abgemahnte Peter A. Es wäre nun verlockend im Coaching ohne Umschweife auf das Ziel „optimiertes Konfliktmanagement" zu fokussieren und dabei der ersten heißen Fährte zu folgen: *„Sie sagten, Ihnen ist der Kragen geplatzt? Wie kam's denn dazu?"* Das verlorene Dorado würde dabei aber als natürlicher Beginn der Entwicklungsgeschichte außer Acht gelassen. Das Coaching liefe Gefahr an der Oberfläche – der Beseitigung eines Verhaltensdefizits – zu bleiben. Obendrein wäre die Verunsicherung, die der Klient angesichts der Abmahnung durchläuft, ein destabilisierender und wenig motivierender Ausgangspunkt der Arbeit.

Das topografische Coaching leistet sich konsequent einen kurzen Umweg zum Ausgangspunkt der Entwicklungsgeschichte, dem ursprünglichen Dorado. Dabei interessiert zunächst etwas Anderes: *„Wie war es denn vor dem Ärger? Sie sagten es lief wie am Schnürchen?"* Worin bestand also das Dorado und was waren für den Klienten dessen positive Merkmale und Zutaten: Die Teamkonstellation inklusive Chef? Die Aufgaben an sich und die damit verbundene Bestätigung?

Hier genau Nachzufragen, setzt für Coach und Klient den erdenden Startpunkt für eine ganz normale Entwicklungsgeschichte und eröffnet zugleich einen ganzen Schrank voller Ressourcen auf den beide später zurückgreifen können. Dass das Verhältnis zur Geschäftsführung immer gut war, wird wohl seine Gründe gehabt haben und sicherlich ist hier noch einiges „Tragfähiges", das eine Ressource darstellt und das es zu bewahren gilt. Ähnliches gilt für verschiedene andere Bestandteile des aktuell verlorenen Dorados, wie Kollegen, Aufgabe, Routinen usw. Im topografischen Coaching ist jede Entwicklung eine Geschichte mit einem Anfangs- und Endpunkt, zu dem alles wieder in Ordnung, wenn auch anders, ist. Sie beginnt im Dorado und endet im Dorado 2.0 – mit einer, allerdings sehr wichtigen Variante, die in Kap. 7 beschrieben wird.

Die erste Begegnung mit der Rätselzone

4

4.1 Fremdes, umheimliches Terrain oder Hänsel und Gretel im Wald

Während im Dorado Ordnung, Harmonie sowie beste Realitätsanpassung herrschen, wird die Rätselzone als fremd, chaotisch und ungeordnet wahrgenommen, gleich einem Urwald, der voller Gefahren, aber auch Möglichkeiten steckt. In Geschichten, Filmen und Märchen wird dieser topografische Raum häufig als Wald oder gar Dschungel dargestellt. *Häsel und Gretel verliefen sich im Wald. Es war so dunkel und auch so bitterkalt...* Lässt man Patienten ihren gegenwärtigen Zustand zeichnen, tauchen fast immer ein oder mehrere Fragezeichen oder ein Chaos aus bunten Linien und Punkten ohne sichtbare Ordnung auf.

Zum ersten Mal betritt der Klient die Rätselzone unmittelbar nach dem Auszug oder der Vertreibung aus dem Dorado (siehe Abb. 4.1). Bei dieser ersten Begegnung fühlt er zunächst überwiegend die Gefahren der Rätselzone, die Trauer um den Verlust des Dorados sowie Verwirrung und Angst angesichts der fremden neuen Situation. Die Desorientierung kann gleichermaßen die Selbstwahrnehmung betreffen (*„ich erkenne mich selbst nicht wieder"*), als auch die Außenwelt, in der Gesetzmäßigkeiten, Spielregeln und Strukturen plötzlich gänzlich verändert sind (z. B. Eine Umstrukturierung bei der man sich unversehens als Mitarbeiter seines früheren Mitarbeiters in der neuen Matrix-Organisation wiederfindet).

Meist kommt beides, innere und äußere Verwirrung zusammen und sorgt für einen Zustand großer Verunsicherung. Selbst wenn jemand sonst äußerst entscheidungsstark ist, geht die Zielorientierung in dieser Phase oft komplett verloren. Diese Verunsicherung bleibt der Umwelt nicht verborgen.

© Springer Fachmedien Wiesbaden GmbH 2018
K. von Schumann und C. Harss, *Einführung in das topografische Coaching*, essentials, DOI 10.1007/978-3-658-19476-5_4

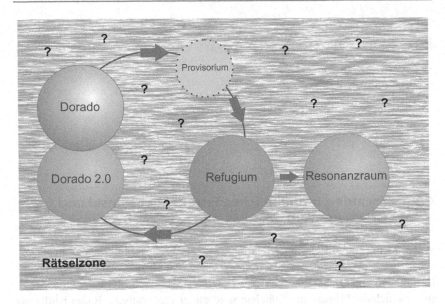

Abb. 4.1 Die Rätselzone im topografischen Coaching

4.2 „Wegen Umbau geöffnet"

„Wegen Umbau geöffnet" könnte man die erste Begegnung mit der Rätselzone auch im Fall des Peter A., der bereits im vorigen Kapitel vorgestellt wurde, überschreiben. Der Bereichsleiter, eigentlich ein gestandener Mann um die 50, wirkt verstört und defensiv. Die Abmahnung, so stellt sich im Gespräch heraus, gab es nicht unmittelbar nach der Beschwerde zweier junger Mitarbeiterinnen, sondern erst in einer Gegenüberstellung der beiden mit Peter A. in Anwesenheit des Betriebsrats und seiner Vorgesetzten, die Mitglied der Geschäftsleitung ist. Dort sollte sich Peter A. förmlich bei den beiden Beschwerdeträgerinnen entschuldigen. Sein nonverbales Verhalten sei dabei so „entgleist", dass die Vorgesetzte spontan eine Abmahnung aussprach. Dies sei keine Entschuldigung gewesen, sondern ein erneuter Affront, lautete die Begründung.

Peter A. wisse nicht, was genau die Vorgesetzte mit entgleistem nonverbalen Verhalten meine. Er verstehe nicht, warum die beiden jungen Mitarbeiterinnen sich beschwert hätten – schließlich habe er doch immer alles für seine Mitarbeiter getan – auch für die beiden! Ebenso wenig verstehe er, warum seine Geschäftführerin, mit der bislang immer alles gut lief, ihm so jäh das Vertrauen entzogen habe.

Flucht und Rückzugsgedanken sind besonders typische Kernbedürfnisse, die fast alle Klienten in dieser Phase äußern. *„Am liebsten würde ich mich verkriechen"*, sagt Peter A. beispielsweise. *„Ich fühle mich ausgeliefert"* oder *„Ich will einfach nur noch meine Ruhe!"* sind weitere klassische Klientenstatements beim ersten Eintritt in die Rätselphase. Damit antizipieren viele Klienten bereits unbewusst den nächsten Entwicklungsschritt (Refugium), der in Kap. 6 beschrieben wird. Erst im Refugium wird der Klient die Stabilisierung, Entwicklung und Wandlung durchlaufen, die er braucht, um gestärkt und mit einer Vorstellung davon, wie es weitergeht, ein zweites Mal in die Rätselzone aufzubrechen.

4.3 Coachingfokus: Stabilisierung

Klienten die unversehens in die Rätselzone katapultiert wurden sind oft diejenigen, deren momentanes Befinden besonders kritisch ist. Hier geht es vor allem darum, Stabilität, Trost und eine primär ressourcenorientierte Arbeit anzubieten, um den Coachees zu einem Refugium zu verhelfen, in dem sie sich mit Ruhe und Abstand neu sortieren können (siehe Kap. 6). Hier vorschnell auf ein Coachingziel (z. B. optimiertes Konfliktverhalten) zuzusteuern, optimierte Verhaltensweisen zu üben oder den Klienten zu konfrontieren, wäre ein Kunstfehler. Grundsätzlich alles, was den Klienten stabilisiert und stärkt, ist hilfreich in dieser Phase. Auch eine ruhige, langsame Sprache beruhigt und erdet den Klienten (der oft schnell und hektisch redet). Konfrontation sowie leistungsorientierte Tools sind kontraindiziert. Ein Scheitern (wie bei Peter A's erstem Versuch sich zu entschuldigen) wäre vorhersehbar. Gut tun dem Klienten dagegen achtsamkeitsbasierte Coachingmethoden und Entspannungstechniken, also „Parasympatikustraining" (Goldstein und von Schumann 2014), sowie die Ermutigung zu ausgedehnten Spaziergängen und leichtem Sport, um die physiologische Erregung abzubauen.

Beim zweiten Aufbruch in die Rätselzone, nach einer Regenerations- und Rückzugsphase im Refugium, werden sich die Copingstrategien, Einstellung sowie Bedürfnisse des Klienten und damit auch der Coachingfokus verschieben, wie in Kap. 7 zu lesen sein wird.

Das Provisorium – Anstrengung im Übergang

5

5.1   Drei Varianten eines Themas

Nach einem kurzen Schockmoment beim ersten Betreten der Rätselzone verfallen die meisten Menschen in hektische Aktivitäten, um die innerliche oder äußere Bedrohung abzuwehren. Weil sie die Welt um sich herum aber noch nicht verstehen bzw. wahrhaben wollen, versuchen sie vergeblich ins untergegangene, verlorene oder für sie versperrte Dorado zurückzukehren. Andere erschöpfen ihre Kräfte durch wenig realitätsangepasstes oder unkoordiniertes Handeln nach dem Prinzip „blinder Aktionismus".

Variante 1
Schon vor der ersten Coachingsitzung gibt es etliche Anrufe im Büro des Coaches. Stephan M. brauche sofort Namen spezialisierter Headhunter, die erste Session müsse dringend noch diese Woche stattfinden. *„Der ist aber ganz schön fordernd"*, sagt die Werkstudentin, die ihn am Telefon erlebt. In der ersten Coachingsitzung versucht Herr M. angestrengt und mit einer Mischung aus Provokation (*„Wie messen Sie denn Ihren Erfolg? Haben Sie denn überhaupt Erfahrung in der Energiebranche?"*), Rechtfertigung (*„Ich musste den Aufhebungsvertrag sofort unterschreiben, da blieb keine Zeit, einen Anwalt zu konsultieren"*) und Zynismus (*„Wie recht Sie haben, die ganze Welt wartet natürlich nur auf Leute wie mich, jenseits der 50!"*) die Maske des starken und überlegenen Managers aufrecht zu erhalten. Dabei redet er ohne Punkt und Komma, atemlos, schnell, ausschweifend. Sein Abstraktionsniveau ist niedrig und er reagiert irritiert bei jedem Versuch des Coaches, das Gespräch zu strukturieren.

© Springer Fachmedien Wiesbaden GmbH 2018
K. von Schumann und C. Harss, *Einführung in das topografische Coaching*, essentials, DOI 10.1007/978-3-658-19476-5_5

Variante 2

Sebastian N., ebenfalls knapp über 50 Jahre alt, hat sein gesamtes Berufsleben im selben, mittelständischen Unternehmen verbracht. Seine Tätigkeit als Ingenieur war dabei hoch spezialisiert in einem Nischensektor, dessen Tage gezählt sind. Sein Arbeitsverhältnis wird zu Ende des Jahres aufgehoben, das Coaching soll der beruflichen Neuorientierung dienen und ist Teil des Aufhebungsvertrags. An ein konstruktives Nachdenken über die nächsten Schritte ist allerdings nicht zu denken. So viel zu tun wie im Moment hatte Herr N. noch nie! Über die Zukunft, oder gar eine berufliche Neuorientierung, mag er nicht mal sprechen: *„Ich gebe dann einem befreundeten Headhunter einen Wink. Der wird sich freuen, dass ich endlich zur Verfügung stehe!“*.

Variante 3

Der Firmeninhaber Anton G. wollte im Coaching eigentlich einen für ihn nicht länger haltbaren Zustand aktiv angehen. Seine Ehefrau ist die Chefcontrollerin im Familienunternehmen und offenbar für Ihre Tätigkeit nicht ausreichend qualifiziert. Dennoch, alle Optionen die Sache anzugehen scheiden für ihn aus: Eine Nachqualifizierung? *„Da würde Erika nie mitmachen!“* Klartext reden? *„Dann kann ich gleich die Scheidung einreichen!“* Um die abenteuerliche Fehlerquote der Ehefrau zu decken, lässt Herr G. einen jungen Mitarbeiter heimlich die gesamte Buchhaltung überarbeiten. Der warnt Herrn G. bei größeren Fehlern, die dieser dann *„irgendwie ausbügelt“*. Auf die Frage, wie bekannt das Problem im Unternehmen sei, reagiert Herr G. heftig: *„Das darf sich auf keinen Fall rumsprechen! Das wäre eine Katastrophe!“*

Aktivismus, Verdrängung, Verwirrung – unterschiedliche Reaktionsweisen, ein Thema: Die drohende Katastrophe muss auf jeden Fall abgewendet werden!

5.2   Charakterisierung: Sisyphosarbeit ohne Entrinnen

Das Provisorium (Abb. 5.1) stellt ein Durchgangsstadium in der Entwicklung von oft besonders leistungsorientierten und erfolgreichen Klienten dar. Das hervorstechendste Merkmal des Provisoriums ist daher Anstrengung. Der überproportionale Kraftaufwand rührt daher, dass der Klient oft gegen Widerstände und gegen alle Regeln der Vernunft denkt und handelt. Wie bei Sisyphos wird die Kugel immer wieder den Berg heraufgerollt, die kurz vor dem Ziel wieder ins Tal zurückrollt. Wer zu lange in dieser Phase festhängt, läuft Gefahr zum klassischen Burn-out Kandidaten zu werden.

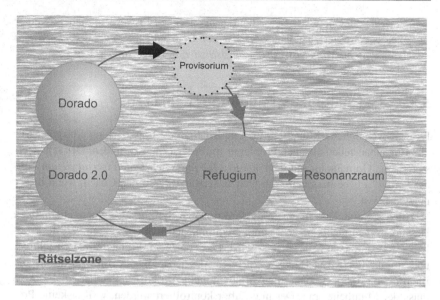

Abb. 5.1   Das Provisorium im topografischen Coaching

Die Gründe, die der Klient für sein unbeirrtes Festhalten am Status quo angibt, erscheinen auf den ersten Blick logisch. Der Firmeninhaber Anton G. kann seiner Frau die dringend notwendige Nachqualifizierung nicht anbieten, denn *„Da würde Erika nie mitmachen!"*. Also muss es so sein, wie es ist!

Die Ursachen für das krampfhafte Abwehren jeder Lösung sind hauptsächlich die drei folgenden:

- Angst vor Veränderung und Chaos, dem Zusammenbruch von allem, also vor der Rätselzone: *„Das darf sich auf keinen Fall rumsprechen!"* sagt Anton G. *„das wäre eine Katastrophe!"*. Dabei wird übersehen, dass die Katastrophe schon da ist und täglich größer wird.
- Angst vor der Selbstdemontage im Falle des Scheiterns. Dies ist der stärkste und beängstigendste Treiber für die Verkennung der eigenen Grenzen und gilt vor allem für erfolgsverwöhnte sowie leistungsorientierte Manager – erst Recht jedoch für diejenigen mit einer narzisstischen Persönlichkeitsstruktur. Sebastian N.: *„Ich gebe dann einem befreundeten Headhunter einen Wink. Der wird sich freuen, dass ich endlich zur Verfügung stehe!"*.
- Verlust der Abstraktions- und (Selbst)strukturierungsfähigkeit. Die Gesamtsituation fragmentiert dabei in viele Einzelprobleme, deren Lösung jeweils

irgendwie blockiert ist. Der Klient muss ja alles loswerden, statt aus einer höheren Warte festzustellen: *„Mir ist der Überblick abhandengekommen und ich muss meine Vorgehensweise grundsätzlich in Frage stellen!"*

5.3   Coachingfokus: Geduldiges Begleiten

Es wäre vergebliche Mühe und zudem frustrierend im Coaching Lösungen für alle Einzelbaustellen als auch Probleme im Provisorium zu finden. Der selbstzerstörerische Grundmotor mit dem Credo *„Ich muss den Laden irgendwie am Laufen halten"* bliebe bestehen – ab jetzt unterstützt durch den Coach, wenn dieser nicht aufpasst.

Hinzu kommt, dass in einem dysfunktionalen System, also einem ehemaligen Dorado in dem nichts mehr zusammenstimmt, jedes erledigte und gelöste Problem sofort durch ein neues ersetzt wird. Das Ganze wird immer undurchsichtiger und störanfälliger. Ein Provisorium eben, das jederzeit einzustürzen droht. Die Ehefrau von Anton G. kann ihre Aufgaben nicht zufriedenstellend erledigen. Also muss der Mitarbeiter ran. Der muss aber kontrolliert werden, weil er keine Prokura hat. Und das Ganze muss streng geheim gehalten werden… Ein kompliziertes, anstrengendes Provisorium, das durch die Lösung eines kleinen Teilproblems (mit oder ohne Coach) nicht stabiler wird.

Der topografische Coach hat für Klienten im Provisorium das klare Ziel, diesen möglichst bald in die nächste, heilsame Entwicklungsphase zu überführen. Er muss sich hierzu der Rätselphase stellen und dann ein Refugium aufsuchen. Im Refugium hat er, abgeschirmt vom Dauerfeuer des Alltags, Gelegenheit sich zu erholen und zu sich zu kommen. Erst wenn es gelungen ist einen Überblick über sein Leben und seine Bedürfnisse zurückzugewinnen, ist er in der Lage sinnvoll zu handeln oder Entscheidungen zu treffen. Jede Entscheidung oder Handlung ist blinder Aktionismus und sollte vermieden werden. In Kasten 1 findet sich eine Zusammenstellung bewährter Vorschläge für das Coaching in dieser Phase.

Allerdings befinden sich in unserer volatilen, unsicheren und höchst komplexen Welt immer mehr Klienten sozusagen im „Dauerprovisorium", an dem sie als Einzelne(r) wenig ändern können, und es eigentlich keinem mehr gelingt, den Überblick zu bewahren. Eine Veränderungs- und Umstrukturierungsinitiative löst die nächste ab und was passieren wird, wenn Großunternehmen tatsächlich agil werden, weiß kein Mensch. Hier schafft das topografische Modell insofern Orientierung als im Coaching nach einem persönlichen Schutzraum gesucht bzw. das Coaching selbst als Schutzraum definiert werden kann. Die Erfahrung hat auch gezeigt, dass Klienten sich im Arbeitskontext und im Privatbereich durchaus in unterschiedlichen Räumen befinden können und dies, im Sinne eines Ressourcenausgleichs, genutzt werden kann. Wer in der Arbeitswelt auf absehbare Zeit im Provisorium feststeckt, kann im privaten Schutzraum oder Dorado „auftanken".

Hinweise für das Coaching im Provisorium
Auf eine realistische Zielsetzung bestehen: Je länger der Klient bereits im Provisorium ist, desto größer dürften dessen Angst und Widerstand sein, sich sowie sein selbstzerstörerisches Verhalten (das häufig zum Burn-out führt) zu ändern. Zu ehrgeizig gesetzte Ziele an das Coaching zu knüpfen sollte bei der Auftragsklärung vermieden werden.

Zuhören, Visualisieren, Struktur anbieten: Bevor irgendwas passiert, ist erst einmal *Geduld* erforderlich, denn der Patient will reden und den Coach „zum mitspielen" animieren. Besser als auf einzelne Themen einzusteigen ist es, aufmerksam zuzuhören, sich Notizen zu machen bzw. Strukturierung und Visualisierung anzubieten (Mindmap, Systemzeichnung, Bilder aussuchen oder anfertigen lassen).

Wertschätzung und Respekt: Die Angst davor, als erfolgreicher Mensch demontiert zu werden, ist einer der Hauptursachen für das Aufrechterhalten des Provisoriums. Die unbedingte Wertschätzung des Klienten durch den Coach ist in dieser Phase besonders wichtig. Erfolge sollten entsprechend gewürdigt werden, insbesondere natürlich bei Menschen mit narzisstischen Persönlichkeitszügen. Das gilt insbesondere auch für alle Äußerungen, die in Richtung vorsichtiger Realitätsanpassung des Selbstbildes gehen. Beispiel Klient: *„So geht's nicht weiter!"*, Coach: *„Ich finde das ist ein mutiger Gedanke die eigenen Grenzen anzuerkennen!"*

Zur Auszeit dringend raten oder ermutigen: Der akut vor dem Zusammenbruch stehende Manager kann und muss deutlich darauf hingewiesen werden, dass er sich in (Lebens)Gefahr befindet. Wann immer körperlich bedenkliche Symptome häufig auftreten, ist eine dringende Empfehlung den Arzt aufzusuchen geboten (Schwindel, Ohnmacht, andauernde Schlaflosigkeit, Aussetzer, Schmerzsymptome, Bluthochdruck usw.). Gemeinsam mit dem Vorgesetzten/mit der Personalabteilung kann eine Auszeit (therapeutisch, ggf. auch durch den klinisch-psychologisch ausgebildeten Coach begleitet) in die Wege geleitet werden.

Auch neigen Klienten im Provisorium nicht selten zu **Drogenmissbrauch** (insbesondere Alkohol und Tabletten) um sich eine künstliche Schutzhülle zu schaffen, statt ein echtes Refugium aufzusuchen. Auch hier kann und sollte der Coach nicht die Augen verschließen und das eigentliche, gesunde Bedürfnis nach Rückzug und Schutz bewusst machen und würdigen.

Schlafstörungen und gedankliche Weiterbeschäftigung sind zwei sehr typische Stresssymptome in dieser Phase. Dannach sollte immer gefragt werden, denn gerade der Schlafenzug und das häufige nächtlich Grübeln verhindern Erholung und schwächen den Klienten sowohl körperlich als auch kognitiv (*„Ich bin so übermüdet, dass ich keinen klaren Gedanken mehr fassen kann!"*). Schlaftagebuch führen zu lassen, Input bzgl. Schlafhygiene zu geben und Methoden des Gedankenstopps einzuführen sind, neben klassischen Entspannungsverfahren, die verhaltensorientierten Methoden der Wahl.

Ein Refugium suchen und anbieten: Auch in allen weniger bedrohlichen Fällen, sollte der Klient zum Aufsuchen eines Refugiums ermutigt werden, falls er sehnsüchtig von einer Auszeit spricht und den Wunsch nach Rückzug äußert. Klient: *„Am liebsten würde ich alles Hinschmeißen und auf den Malediven in die Tauchschule meines Schwagers einsteigen!"* Coach: *„Gäbe es denn auch eine Möglichkeit sich zu erholen, ohne, dass Sie gleich alles aufgeben müssen?"*

Das Refugium – hier findet die eigentliche Entwicklung statt

6

6.1 Charakterisierung des Refugiums: Die Insel der Nymphe Kalypso

Das Refugium (siehe Abb. 6.1) schafft Abstand von allen ungelösten Problemen und spielt im topografischen Coaching insofern eine entscheidende Rolle, als hier die eigentliche Entwicklung des Klienten stattfindet. Zahlreiche Märchen, Mythen und Geschichten greifen das Motiv eines metaphorischen Rückzugsortes auf, als Schutzhöhle, Versteck, Baumhaus, Turm, Burg oder (besonders häufig) als Eiland, umgeben von einer unberechenbaren See. Ein archetypisches Bild hierfür ist Odysseus auf der Insel der Nymphe Kalypso. Hier erholt sich der Held nach seinen Abenteuern. Obwohl es ihm guttut, aufgepäppelt und umsorgt zu werden, kann und will er nicht bleiben. Sein eigentliches Ziel ist seine Heimat Itaka (sein Dorado 2.0), zu dem er weiterziehen will.

Das Refugium sollte also nur ein vorrübergehender Aufenthaltsort sein. Der Klient, der geradewegs aus der Rätselzone oder dem Provisorium kommt, benötigt einen sicheren Rückzugsraum. Zunächst ist sein primäres Bedürfnis sich auszuruhen. Mit zunehmender Erholung beginnt er die Dinge mit Abstand zu betrachten, sich und die Außenwelt zu reflektieren sowie erste Ideen darüber zu entwickeln, was in Zukunft sein sollte und was nicht. Gestärkt und ausgestattet mit neuen Ideen findet der zweite Aufbruch in die Rätselzone statt, um in das Dorado 2.0 oder den Resonanzraum zu gelangen.

Es kommt aber auch nicht selten vor, dass ein Klient im Refugium sozusagen „steckengeblieben" ist und im Coaching genau diese Stagnation bearbeiten sowie aufheben möchte (siehe Abschn. 6.3). Andere Klienten wiederum verweilen ganz bewußt noch eine Weile im Refugium, um den Aufbruch in Richtung Dorado 2.0 gestärkt und bestens vorbereitet anzutreten (siehe Abschn. 7.1).

© Springer Fachmedien Wiesbaden GmbH 2018
K. von Schumann und C. Harss, *Einführung in das topografische Coaching*, essentials, DOI 10.1007/978-3-658-19476-5_6

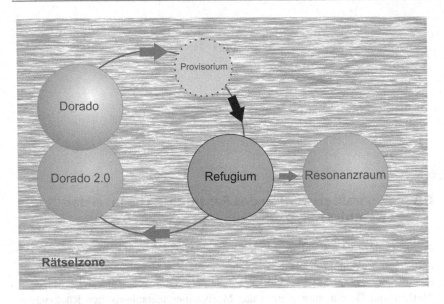

Abb. 6.1 Das Refugium im topografischen Coaching

6.2   Die drei typischen Phasen des Refugiums

Bei der Entwicklung im Refugium sind grob drei Phasen zu beobachten, die allerdings nicht immer klar voneinander abgegrenzt werden können und je nach Vorgeschichte bzw. Persönlichkeit in unterschiedlicher Länge und Intensität durchlaufen werden. Hier gilt es als Coach sehr genau hinzuschauen sowie die Signale des Klienten im Auge zu behalten, um die aktuelle Phase und den daraus resultierende Unterstützungsbedarf zu erkennen. Auf dem richtigen Weg ist der topografisch arbeitende Coach sicher dann, wenn der Klient die Coachingpraxis zuversichtlicher verlässt als er sie betreten hat.

Phase 1: Rückzug
Der Klient hat einen Rauswurf aus dem Dorado und manchmal auch den Zusammenbruch des Provisoriums, das er mit übermenschlichen Kräften aufrechterhalten hat, hinter sich. Das Coaching dient zunächst primär als „Tankstelle". Ressoucenorientiertes Arbeiten steht im Vordergrund und jeder Coach wird sich aus seinem Repertoire entsprechender Tools und Techniken bedienten. Nicht selten wollen die Coachees in dieser Phase schon Maßnahmen erarbeiten. So will etwa der Firmeninhaber Anton G. unbedingt das klärende Gespräch mit seiner

Ehefrau üben, auch wenn er, Termin für Termin wieder, unverrichteter Dinge zum Coaching erscheint. Dennoch beteuert er, *„wie gut ihm das Coaching tue"*. Hier ist es wichtig, ruhig und verständnisvoll zu reagieren, keinen Druck auszuüben und auch allerkleinste Schritte zu würdigen *(„Ist doch prima, dass es ihnen ab und zu gelingt...")*. Die Klienten sind noch im alten Muster und nicht bereit für den nächsten Schritt. Das letzte, was er jetzt brauchen kann, ist Überforderung.

Im Folgenden nur ein paar Beispiele, um die empfehlenswerte Haltung und Interventionen des Coachs in der Rückzugsphase zu illustrieren:

- Empfängermodus, annehmende Haltung, aktives Zuhören
- Gelassenheit ausstrahlen und auch als Bedürfnis des Klienten benennen *(„Es geht Ihnen darum, Gelassenheit und Selbssteuerung wieder zu erlangen." – „Ja, genau!")*
- Anbieten des Coachingraums als Refugium (Diskretionsregel betonen, eine entspannte Atmosphäre schaffen, Entspannungstee oder eine symbolische Kraftspende [z. B. ein Glas frisch gepresster Orangensaft] anbieten)
- Suche mit dem Klienten nach Rückzugsräumen in dessen Leben (der Spaziergang mit dem Hund, Hobbykeller, Urlaub usw.)
- Spaziergang mit dem Klienten auf einen Berg oder Hügel im Park, bei dem der nächste Schritt „Blick von Oben und mit Abstand" symbolisch vorweggenommen wird

Die für das topografische Coaching spezifische Intervention in dieser Phase ist die Verortung der derzeitigen Entwicklungsphase des Klienten im topografischen Raummodell. Der Coach visualisiert das Modell und erklärt, wie man sich typischerweise an welcher Station fühlt. Der Klient wird aufgefordert, sich selbst einzuordnen, was diesem meist mühelos gelingt. Fast immer löst die eigene Einordnung auf der topografischen Entwicklungslandkarte beim Klienten spontane Erleichterung – ja beinahe schon Zuversicht aus. Diese Verankerung in einer „gesunden" Entwicklungsgeschichte wird im topografischen Coaching dadurch verstärkt, dass das verlassene Dorado als Startpunkt der Entwicklung besonders gewürdigt wird. Hierzu ist es meist ausreichend, den Klienten das verlorene Dorado beschreiben zu lassen und jede genannte Ressource (z. B. eigene Stärken, Fähigkeiten, treue Weggefährten und die Gründe vergangener Erfolge sowie Glücksmomente) als Coach zu paraphrasieren und so ins Bewusstsein des Klienten zu rücken.

Der Klient Peter A. schildert in einer Rückblende auf sein verlorenes Dorado seine Bereichsleitertätigkeit vor dem Zwischenfall, der zur Abmahnung führte, als stressig aber in Ordnung. Es sei zwar viel zu tun gewesen, aber er habe alles im Griff gehabt. Mit seinem Team habe er jeden Montag eine Morgenrunde beim Frühstück gemacht, um die Mannschaft bei Laune zu halten und den Kontakt zu stärken. Seine Chefin habe ihn als Ratgeber und Leistungsträger wertgeschätzt sowie engen Kontakt gehalten. Er wirkt bei dieser Schilderung zunehmend selbstbewusster und ruhiger.

Phase 2: Realitätsanpassung und persönliche Entwicklung
Der Klient schaut in dieser „eigentlichen Coachingphase" mit Abstand auf das Gesamtbild. Kritische Auseinandersetzungen mit der eigenen Person und deren Verhaltensmustern, Perspektivenwechsel, Begreifen, Umdenken, Abschied von falschen Vorstellungen sowie Erwartungen an sich sowie andere sind nur einige Stichworte, um die es hier geht. Viele Klienten kommen in dieser Phase und genau zu diesem Zweck ins Coaching (siehe Abschn. 6.3 und 6.4). Sie haben keinen akuten Leidensdruck, wollen sich aber reflektieren, optimieren und damit einen nächsten persönlichen Entwicklungsschritt vorbereiten. Aber auch Klienten mit akutem Leidensdruck, deren Dorado zusammengebrochen und die sich zunächst im Coaching stabilisiert haben, möchten nun verstehen, was ihnen widerfahren ist. Ihr Selbstbild als auch die Realität, von der sie bislang ausgingen sind oft instabil oder völlig fragmentiert und von daher nicht mehr tragfähig für sinnvolles Entscheiden oder Handeln. Auch haben sie oft eigene Anteile am Geschehen noch nicht verstanden oder können sich nicht ausreichend in ihr Gegenüber einfühlen, um dessen Reaktion zu verstehen.

Im Fall des Bereichsleiters Peter A. erwies sich eine videogestütze Simulation der kritischen, auslösenden Situation als sehr hilfreich. Zwei junge Mitglieder des Coachingteams mimten die Mitarbeiterinnen, der Coach selbst übernahm die Vorgesetztenrolle. Selbst in der Simulation fiel es dem Klienten sichtlich schwer an sich zu halten, als eine der Rollenspielerinnen ihre Beschwerde vortrug. Körperhaltung, Mimik und Stimme waren die eines dominanten sowie wütenden Chefs von beeindruckender Körperfülle. Entsprechendes Feedback gaben die Rollenspielerinnen: *„Sie wirkten ganz schön einschüchternd und autoritär als Chef!"*. Der Coach hatte in der Rolle der Geschäftsführung den spontanen Impuls in sich gespürt, Herrn A. deutlich in seine Schranken verweisen zu müssen. Der Klient erschrak selbst über seine Wirkung auf dem Video und verstand die Reaktion seiner Vorgesetzten sowie das Feedback der Rollenspieler.

Übrig blieb die Frage, warum er selbst so unprofessionell reagiert hatte. Hier macht es sich fast immer bezahlt, zu Beginn etwas genauer nach dem „verlorenen Dorado" gefragt zu haben. Coach und Klient können danach leichter verstehen und spontan benennen, was den Klienten umtrieb: Enttäuschung über den vermeintlichen Verrat und Seitenwechsel der Geschäftsführerin, *„die doch immer* *zu ihm gehalten hat".* Fassungslosigkeit über Undankbarkeit seiner Mitarbeiterinnen, *„wo er sich doch immer so um das Team gekümmert hat".* Wut über die Demütigung, sich wie ein Schuljunge und in Anwesenheit des Betriebsrats bei *„diesen Gören"* entschuldigen zu müssen, *„wo er doch eigentlich ein etablierter, anerkannter Chef war".*

Erst jetzt, nach diesem Umweg in der ersten Sitzung, ist der Klient bereit sich wirklich zu verändern. Die Wut und Verwirrung hat sich differenziert: Für das neue Dorado braucht nicht alles infrage gestellt zu werden, sondern nur – wie im Auftrag gefordert – sein Konfliktverhalten.

Alle Tools und Techniken zur Analyse der Situation als auch Organisation sowie Übungen, die die Selbstreflexion des Klienten fördern und ihn buchstäblich selbst-bewusst machen, können in dieser Phase zum Einsatz kommen, beispielsweise:

- Betrachten der problematischen Situation oder des eigenen Verhaltens von außen (Simulationen mit Videofeedback, Aufstellungsübungen, Zeichnen)
- Systemische Methoden wie etwa die Systemzeichnung, Organisationsanalysen (Harss et al. 2011), Perspektivwechselübungen, Kopfstandmethode *(„Was müssten Sie tun, um die Situation weiter zu verschlechtern?")*
- Systematische Analysen anhand von standardisierten Führungsstiltests, Persönlichkeitsinventaren, selbst initiiertem 360 Grad Feedback (von Schumann 2011) etc.
- Übungen wie das innere Team (Schulz von Thun 1998) oder die Analyse der eigenen inneren Antreiber (Schmidt und Hipp o. Jg.)

Phase 3: Aufbruchsstimmung

Erstarken, Lust auf Neues und erste Vorstellungen wohin die Reise geht (Entwurf des Dorado 2.0) charakterisieren diese Phase. Der Klient schöpft Mut und macht sich fit für den Sprung in das – dann hoffentlich gar nicht mehr so kalte – Wasser. In der Aufbruchsphase am Ende des Aufenthaltes im Refugium sucht der Klient Unterstützung bei der Neuorientierung. Der Zielhorizont der Reise ist zunächst vielleicht noch vage oder aber es stehen mehrere Alternativen zur Verfügung, zwischen denen es sich zu entscheiden gilt. Visions-, Ziel- und Entscheidungsübungen aller Art sind hier die Methoden der Wahl. Beispiele hierfür sind:

- Tetralemmaübung (Sparrer und von Kibéd 2009)
- Konferenz mit dem inneren Team
- Blick in die Zukunft – Gruß aus der Zukunft
- Timelineübung (NLP)

- Fantasiereisen
- Bildarbeit

Der topografische Coach wird überdies besonderen Wert darauf legen, dass das Dorado 2.0 nicht beispielsweise „versehentlich" noch Elemente enthält, die aus einer inzwischen veralteten und nicht mehr stimmigen Entwicklungphase stammen. In einer für das topografische Coaching spezfischen Übung dazu geht es darum, das allererste Dorado der Kindheit mit Hilfe von Zeichnungen oder Piktogrammen (Mayer 2008, 2010), zu visualisieren, wenn der Coach Zweifel hegt, ob das gesuchte und angestrebte Dorado 2.0, und damit das Ziel des Coachings, vom Klienten wirklich richtig gewählt ist. Mayer spricht in diesem Zusammenhang von der Gefahr einer Paradiesillusion zu erliegen: Der Klient will aufbrechen, läuft aber einem falschen Ideal oder Verhaltensmuster nach und ist mit seinen Bedürfnissen oder der Realität noch nicht richtig im Einklang.

Ein Beispiel ist ein junger Manager aus dem Top Talent Pool, der sich entscheiden muss, zwischen einer prestigeträchtigen Assistentenstelle beim Vorstand oder alternativ der Stelle als MD in einer kleinen Niederlassung in Rumänien, deren Aufbau er mit einigen Spezialisten leiten soll. Er wird im Coaching aufgefordert aus dem Fokuskartenset (Mayer 2010) eine Karte auszuwählen, die den Idealzustand in den nächsten Jahren, symbolisiert. Heraus kommt folgendes Bild: Die quadratische Fokuskarte ist diagonal durch eine Linie geteilt auf der sich eine schwarze Kugel (scheinbar gegen alle Gesetze der Schwerkraft) den Hang herauf quält (siehe Abb. 6.2). Der Klient kommentiert das Bild als Zukunftsvision, dass

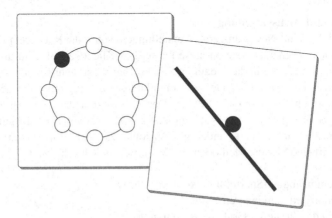

Abb. 6.2 Fokus Karten aus dem Kartenset von Christian Mayer (2010)

er mit harter Arbeit zwar, aber zielstrebing in einem Porsche einen steilen Berg Richtung Sonne hinauffährt: Karriere, ganz *nach oben*, Status und Vorstandsnähe spornen ihn an. Irritierend dabei ist nur, dass die Fahrtrichtung von rechts nach links ist (also entgegen der in unserem Kulturkreis üblichen Entwicklungssymbolik von links nach rechts, mit anderen Worten ein Rückschritt). Auch wirkte der Klient seltsam lustlos angesichts der angeblich so verlockenden Perspektive. Das muss nichts bedeuten, aber der Coach geht auf Nummer Sicher und lässt den jungen Mann eine zweite Karte auswählen. Diesmal mit einer Instruktion, die Ressourcen des ersten Dorados im Leben von fast jedem Klienten aktiviert: Sein Lieblingsspiel als Kind. Der Klient wählt daraufhin eine Karte aus, auf der acht kleinere Kreise miteinander verbunden sind und einen Kreis bilden (siehe Abb. 6.2). Er berichtet über sein Lieblingsspiel aus Kindertagen: *„Ich denke an Abenteuerspiele im Wald mit meinen Freunden. Wir bauten Baumhäuser und legten eine Brücke über einen kleinen kurvigen Bach. Wir waren ein Rudel von Kindern die gemeinsam Freiheit und Abenteuer gesucht und mitten in der Wildnis was auf die Beine gestellt haben."* Danach sagt der Klient ohne weiteres Zögern: *„Ich nehme den Job in Rumänien!"* und strahlt dabei. Das Ziel, das wirklich mit seinen inneren Bedürfnissen verbunden ist, ist gefunden.

6.3   Hilfe, ich stecke fest!

Leonie P. ist seit 15 Jahren im Produktmanagement und hat, eher unfreiwillig, drei Jahre pausiert, als sie ihren Mann während seiner Expatriattätigkeit in die USA begleitet hat. *„San Francisco war toll, aber ich habe schlichtweg unterschätzt, wie schwierig es für mich sein würde, dort eine adäqute Position zu finden."* Und beim Wiedereinstieg musste sie sich *„vorübergehend, hieß es – und jetzt sind es fast 6 Jahre!"* mit einer niedrigeren Funktionsstufe zufrieden geben. Nach zahlreichen nationalen und internationalen Projekten sowie zwei Sidesteps fühlt sie sich nun wirklich reif für die Umstufung sowie eine Führungsaufgabe. Bei jedem Midyear oder Endyear Review wird ihr erneut signalisiert, dass sie noch diese Extrameile gehen und jenes innovative Projekt übernehmen sollte, um ihre *„Visibilität zu erhöhen"* und ihr Profil wahlweise *„zu schärfen"*, *„abzurunden"* oder *„neu zu justieren"*. Diesmal konnte sie beim Beurteilungsgepäch wenigstens ein Coaching herausschlagen und möchte mit dem Coach eine Strategie entwickeln, die sie aus der Endloswarteschleife herausführt.

Auch bei Klienten, die im Refugium sozusagen feststecken, kommen im Grunde alle Phasen des topografischen Coachings zum Tragen. So gilt es, einen Blick zurück ins ursprüngliche Dorado zu werfen, also in Leonies Fall in die berufliche Phase vor ihrer unfreiwilligen Auszeit, als sie erfolgreich, zufrieden und auch gehaltlich passend eingestuft war. Auch wird das Coaching als sicheren Rückzugsort angeboten, in dem auch mal geweint werden darf; beispielsweise bei der Erinnerung an die letzte Beförderungsrunde, bei der sich wieder ein Kollege besser vermarktet und entsprechend das Rennen gemacht hat. Tatsächlich aber befindet sich Leonie in der Phase der Realitätsanpassung und persönlichen Entwicklung. Nach der Reflexion eigener Anteile *(„zu nett, zu brav und zu bescheiden")* geht es zentral darum, eine geeignete Selfmarketing- und Networking Strategie zu entwickeln sowie deren Umsetzung zu begleiten. Im Gespräch mit der Vorgesetzten wird deren Unterstützung für den geplanten Aufbruch aus dem Refugium eingeholt. Konkret bedeutet das, dass Fleißaufgaben ohne Außenwirkung künftig jüngeren Kollegen zugeteilt werden und Leonie Präsentationmöglichkeiten vor der Geschäftsführung erhält. Leonie selbst geht aktiv auf ihre Kontakte zu und signalisiert Mobiltät als auch Wechselbereitschaft.

Der goldene Käfig wird zu eng. Diese Situation entspricht einer weiteren Konstellation bezüglich des Feststeckens im Refugium, die wir im Businesscoaching zwar weniger kennen, mit der unsere Kollegen im Lifecoaching jedoch häufig konfrontiert werden. Hierbei handelt es sich um Frauen, die ihre Karriere zugunsten der des Ehemanns zurückgestellt haben und damit auch über eine lange Zeit hinweg durchaus zufrieden waren. Nun sind jedoch die Kinder (und nicht selten auch der Ehemann) aus dem Haus und sie möchten in Richtung „zweite Karriere" auf- bzw. ausbrechen. Auch hier wird nach einem ersten Blick zurück ins verlorene Dorado, also in die Zeit in der sie beruflich glücklich als auch zufrieden waren, der Fokus auf die Phasen 2 und 3 des Refugiums gelegt. Die Coachingschwerpunkte sind dabei Selbstreflexion, Realitätschecks sowie die Entwicklung und Umsetzung konkreter Handlungsstrategien.

Den Rucksack packen. Richard P. wurde das Potenzial für die nächste Führungsebene bestätigt. Sein Abteilungsleiter wird in etwa einem Jahr in den Ruhestand gehen, er ist bereits jetzt als dessen Stellvertreter hoch geschätzt und wäre zudem der Wunschkandidat aller Beteiligten. Da im Konzern allerdings Kaminaufstiege die Ausnahme sind, wird er wohl eher eine Abteilung in einem anderen Bereich übernehmen, wobei auch schon etliche Hauptabteilungsleiter Interesse an ihm signalisiert haben. *„Ich kann es mir sehr gut vorstellen, in einen anderen Bereich zu wechseln, jedoch möchte ich das Jahr, bis mein Chef geht, schon noch abwarten."* In Bezug auf das topografische Coaching wird die derzeitige Stelle als selbst gewähltes Refugium (kontrollierbar, vertraut, aber ohne Herausforderung) betrachtet. *„Ich habe das mit meinem Chef besprochen und wir waren beide der Meinung, dass ich diese Zeit nutzen sollte um mich in Ruhe auf den nächsten*

Schritt vorzubereiten." Konkret ist Herrn P. eine gute Work-Life-Balance wichtig, da auch seine Frau beruflich sehr eingespannt ist und sich das Ehepaar bisher die Betreuung der drei Kinder teilt. *„Ich habe vor mein Selbstmanagement zu optimieren, da ich auch als Abteilungsleiter weiterhin freie Wochenenden und Zeit für meinen Sport haben möchte. Insbesondere will ich lernen konsequenter zu delegieren und öfters mal „Nein" zu sagen. Mir ist außerdem bewusst, wie unverzichtbar es ist, als Abteilungsleiter das Netzwerk geschickt zu bespielen und sich in Gremien zu behaupten.*" Durch die Entscheidung für den einjährigen, durch Coaching begleiteten Aufenthalt im selbst gewählten Refugium wird ihm anschließend sicherlich ein reibungsloser Aufbruch ins Dorado 2.0 gelingen.

Vom Refugium in die Rätselzone

7

7.1 Gestärkes und entschlossenes Aufbrechen

Der Klient hat im Refugium eine Entwicklung durchlaufen und sich verändert. Richard P. hat seine Work-Life-Balance gut im Griff, hat gelernt Nein zu sagen und beim Videofeedback seiner entsprechenden Übungsdurchläufe erfreut festgestellt, dass ein *„Nein, tut mir leid, das gehört nicht zu unseren Kernaufgaben!"* klar, kompetent und souverän wirkt. Er erhält dafür im Unternehmen sogar spontan positives Feedback: *„Sie haben in der letzten Zeit deutlich an Profil gewonnen, Herr P. Gefällt mir gut, diese Entwicklung! Lassen Sie uns bei Gelegenheit mal zum Mittagessen gehen..."* Kritikgespräche führt er inzwischen zwar immer noch nicht wirklich gerne, dafür aber wirklich gut und auch für den Auftritt in höherrangigen Gremien fühlt er sich gut gerüstet. *„Jetzt kann's wirklich losgehen, ich freue mich auf die Abteilungsleiterstelle!"*

Peter A., der Abgemahnte, weiß jetzt worin sein Fehler lag, wie es zu seinem „Ausraster" kommen konnte und was er an sich verändern möchte. Er will die Aufgaben neu verteilen sowie einen neuen Führungsstil mit offenem Feedback zwischen sich und seinen Mitarbeitern etablieren. Er spricht den Vorfall mit der Abmahnung offensiv im Team an und gibt zu, dabei einen Fehler gemacht, aber auch erkannt zu haben, wie wichtig offenes und regelmäßiges Feedback ist. Zur Bekräftigung und als Initialsignal für die neue Führungskultur führt er ein selbst initiiertes 360° Feedback in seinem Bereich durch. Den Konflikt mit seiner Vorgesetzten möchte er in zwei gemeinsamen Coachingsitzungen klären, sie hat seine Bitte um ein Coaching mit mediativen Anteilen (von Schumann 2013) sehr positiv aufgenommen.

Wird die Rätselzone aus dem Refugium heraus und freiwillig betreten (siehe Abb. 7.1), empfinden Klienten Kraft und sind bereit sich der Veränderung aktiv zu stellen. Sie haben neue Ideen und Ziele, fühlen sich bereit für den nächsten

© Springer Fachmedien Wiesbaden GmbH 2018
K. von Schumann und C. Harss, *Einführung in das topografische Coaching*, essentials, DOI 10.1007/978-3-658-19476-5_7

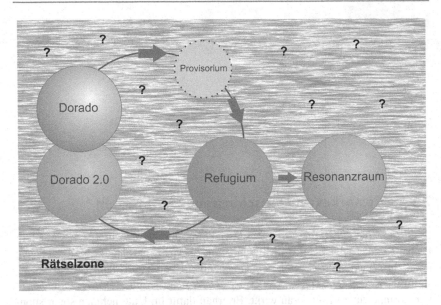

Abb. 7.1 Die Rätselzone im topografischen Coaching

Schritt. Entsprechend wirken diese Klienten im Coaching: Wach, frisch, zwar hier und da noch ambivalent und unsicher, aber letztlich auf einem guten Weg, sich ein neues Dorado zu suchen oder schaffen. Der Coach ist jetzt zunehmend Begleiter und Sparringpartner eines Suchenden, der mehr uns mehr selbst weiß, wo er hinwill.

7.2   Zwei Doradi statt ewiges Hin und Her

Das Refugium ist in der Regel nur ein vorrübergehender Aufenthaltsort, in dem der Klient Abstand, Schutz und Ruhe findet und sich transformiert. Oder eine klare Vorstellung davon entwickelt, wie ein passenderes Umfeld, in dem er sich entfalten und zur Wirkung kommen kann, also sein Resonanzraum (siehe Kap. 8) aussieht. Allerdings gibt es auch Klienten, bei denen die Lösungsgeschichte eine andere Wendung nimmt. In der folgenden Fallgeschichte wird deutlich, wie sehr unterschiedliche, scheinbar unvereinbare Bedürfnisse des Klienten, nach einem anfänglichen Hin und Her dauerhaft in einer Art kompensatorischen Doppeldorado ins Leben integriert werden können:

Miriam T. ist Projektleiterin in einem deutschen Traditionsunternehmen. Ihr Vater war früher Mitglied der Geschäftsleitung

> aber das hat nichts damit zu tun, dass ich den Job gekriegt habe. Ich habe das ganz normale Auswahlverfahren durchlaufen, wie alle anderen auch. Das war meinem Vater ganz wichtig. Aber natürlich ist Dad sehr stolz, dass ich jetzt in „seiner" Firma arbeite! Und ich bin's eigentlich auch.
> Allerdings habe ich während des Studiums an einer internationalen Businssschool die Auslandssemester und -praktika in Frankreich sehr genossen. Wenn ich mich in Französisch artikuliere ist es, als ob ich in eine andere Haut schlüpfe: Interessanter, internationaler, weiter... und dann diese große, schwingende Metropole Paris. Und dann habe ich, ausgerechnet dort, Basti getroffen, meinen Schwarm aus der Schulzeit. Tja, jetzt sind wir verlobt und ich bin doch wieder in der Provinz gelandet! Und für den Berufseinstieg war es hier gar nicht so schlecht. Schön ist auch, dass alle mit meinem Nachnamen nur Positives verbinden, mein Vater war wirklich geschätzt im ganzen Haus.

Nun aber will Miriam in einem internationalen Unternehmen Fuß fassen, Basti würde auch mitziehen, der Coach soll sie bei diesem beruflichen Entwicklungsschritt unterstützen. Doch im Karrierecoching ergibt sich kein klares Bild. So sind beispielsweise Miriams zentrale Karriereanker (siehe Abschn. 8.3) Sicherheit und Stabilität einerseits sowie Herausforderung andererseits. Ihre beiden wichtigsten Werte sind dabei sowohl Verbundenheit und Loyalität als auch Freiheit und Abenteuer. Dennoch geht sie recht schnell als aussichtreiche Kandidatin ins Rennen um eine Leitungsposition in einem französischen Konzern, dessen deutsche Niederlassung in der nahe gelegenen Großstadt ist. *„Ich bräuchte nicht mal umzuziehen, wäre aber mindestes alle 14 Tage in Frankreich – klingt das nicht perfekt?"* Tut es! Umso erstaunlicher ist, als sie mitten im Auswahlprozess *„einen unheimlich starken Kinderwunsch"* verspürt. *„Und das wäre ja dann der Wahnsinn, so eine sichere Stelle zu kündigen!"*.

Nach Schwangerschaft und Elternzeit kommt Miriam erneut ins Coaching – die deutsche Provinz ist mit Baby auch nicht spannender geworden, die Unternehmenskultur konservativ und hierarchisch wie eh und je. Doch diesmal fokussiert der Coach auf den inneren Konflikt zwischen Miriams widerstreitenden Werten und Motiven. Der eine Pol ist charakterisiert durch Sicherheit, Stabilität und vor allem durch die Verbundenheit mit der Traditionsfirma und damit der Loyalität gegenüber dem Vater. Der andere Pol lässt sich mit den Werten Abenteuer, Herausforderung sowie internationaler Flair/französiches Savour Vivre belegen.

Die Lösung, mit der Miriam nun schon seit einigen Jahren zufrieden lebt, ist Folgende: Sie bleibt dem Traditionsunternehmen als auch der Heimat treu und lebt ihren anderen Pol in der Freizeit aus. Sie und ihr Mann haben sich einen VW Bus umgebaut, mit dem sie auch mit Kleinkind viele Wochenend- oder Urlaubsreisen unternehmen. Ihr neues Hobby Paraglyden ist *„ein Mega-Nervenkitzel! Gleichzeitig bin ich immer wieder froh, wenn ich sicher lande"*. Und ihre frankophile Ader wird zumindest in Ansätzen durch die Aupairs befriedigt mit denen sie Französisch sprechen sowie ihre Tochter Marie-Christin zweisprachig erziehen kann.

Es kann also durchaus Sinn machen, schwer vereinbare Bedürfnisse nach- oder nebeneinander auszuleben, anstatt sie in einer mühsamen Integrationsarbeit miteinander kompatibel zu machen. Die Fährte für eine Wendung der Geschichte in diese Richtung nimmt der topografische Coach auf, wenn extrem unterschiedliche, ja gegensätzlich Fähigkeiten, Begabungen, Bedürfnisse oder Motive deutlich werden. Weitere Hinweise auf ein „Hin und Her" als Lösungsansatz: Die Suche nach einer begeisternden Vision mag nicht recht gelingen, die Chance für das Verlassen des Refugiums (in Miriams Beispiel die Heimat und das Traditionsunternehmen) wird wieder und wieder nicht genutzt. Eine häufig durchaus befriedigende Lösung dieser Geschichten besteht im Coaching darin, sich vom Traum des idealen beruflichen Ortes zu verabschieden und den anderen Pol in den Privatbereich zu verlegen – eine auch im Sinne der Work-Life- Balance oft zu unrecht als „lauer Kompromiss" verunglimpfte Lösung.

Es gilt noch zu betonen, dass es sich bei diesen Klienten häufig um interessante, kreative und vielseitig begabte Menschen handelt, deren sehr komplexe Persönlichkeit – wer weiß – vielleicht unter einer Integration an Spannkraft verlieren würde. Superman mit Kravatte, Brille und der vornehm schüchternen Zurückhaltung seines Alter Ego Clark Kent, wäre einer düsteren Monster- und Verbrecherwelt nicht glaubwürdig gewachsen. Clark Kent ohne Superman wäre ein arg blasser Zeitgenosse und langweilig. Interessant ist seine schillernde Zwigestalt, in der er zwei scheinbar völlig unterschiedliche Welten bewohnt. Dabei lebt er seine heldenmütigen und narzisstischen Anteile in einer Wirklichkeit als Superman aus, seine stillen und bescheidenen Anteile als Clark.

Dieses Modell ist häufiger als man zunächst vermutet anzutreffen und einem aufreibenden Hin und Her zwischen zwei Karriereoptionen, oder Lebenswelten in vielen Fällen vorzuziehen. Beide Welten können sich sogar gegenseitig befruchten sofern ihre Existenz keine selbst- oder fremdzerstöreieschen Züge trägt, wie in Stevensons Novelle bei Doktor Jeckyll und Mister Hyde oder einer gefährlichen Liebschaft.

Die promovierte Informatikerin Carina L. bereitet sich im Transitioncoaching darauf vor, die Teamleitung zu übernehmen. Ganz beiläufig erzählt sie, dass die Musik ihre große Leidenschaft sei. *„Meine Mutter ist Pianistin und ich* *hab ihr Talent geerbt. Die Aufnahmeprüfung am Konserveratorium hatte ich als Beste bestanden, mich aber dann doch für die Sicherheit und gegen die Kunst entschieden. Allerdings spiele nebenher in einem Kammerorchester und wir geben regelmässig gut besuchte Konzerte, das ist ein wunderbarer Ausgleich für mich."* Schön, wenn jemand das Hin und Her nicht nur aushalten, sondern diesen Wechsel auch genießen kann! Im Coaching wurde ihre „Antrittsrede" daraufhin nochmals umgeschrieben, der rote Faden ist jetzt der Vergleich zwischen dem Zusammenspiel im Orchester und in einem Team. Carina gibt dabei etwas von ihrer Leidenschaft für die Musik preis, was sie authentisch und überzeugend wirken lässt.

Auf das Raummodel bezogen besteht die Lösung bei Miriam also nicht darin, ein Dorado 2.0 oder einen Resonanzraum zu finden, sondern im sicheren Refugium zu verbleiben, allerdings mit regelmässigeren Abstechern in die spannendere, kreativere und herausfordernde Rätselzone. An theoretischen Überlegungen interessierte Leser sind herzlich zu einer kritischen Reflexion dieser Interpretation eingeladen…

Resonanzraum

8.1 Den richtigen Platz finden oder: das Märchen vom hässlichen Entlein

Nicht selten hat man schon bei der ersten Begegnung mit einem Coachee den Eindruck, dass dieser „im falschen Film ist" oder, psychologisch korrekter ausgedrückt, sich in einer Umgebung befindet, die nicht optimal zu seinem „Selbst" passt. Im Coaching geht es dann weniger um die persönliche Weiterentwicklung des Klienten, sondern vielmehr um das Finden eines optimal zu seinen Fähigkeiten und Bedürfnissen passenden Platzes. Dieser Platz entspricht dem bereits beschriebenen Resonanzraum (siehe Abb. 8.1).

Ein perfektes Beispiel dafür ist das Märchen vom hässlichen Entlein des dänischen Schriftstellers Hans Christian Anderssen, in dem ein Schwanenei von Enten ausgebrütet wird. Der junge schwarze Schwan wird aufgrund seiner Andersartigkeit verspottet, gebissen und gehackt. Infolgedessen läuft das „hässliche Entlein" davon, gerät auf der Flucht in eine unbekannte, ja lebensbedrohliche Moorwelt (Rätselzone) und findet schließlich Unterschlupf in einer Bauernhütte. Es verlässt diesen Schutzraum, zieht hinaus in die große, weite Welt und stößt schließlich zu den Schwänen, die es freudig als ihresgleichen begrüßen. Es ist im Resonanzraum angelangt.

Während einige Klienten schon im Vorgespräch klar kommunizieren, dass die gegenwärtige Aufgabe ihnen nicht nur schlaflose Nächte bereite, sondern auch überhaupt nicht liege, gilt es bei anderen diese Einsicht erst zu wecken. Nicht selten leben letztere schon sehr lange ein falsches Selbst. Sie erfüllen vielleicht von Kindesbeinen an einen Auftrag der Eltern *„Schau mal, der Schnitt reicht doch für*

© Springer Fachmedien Wiesbaden GmbH 2018
K. von Schumann und C. Harss, *Einführung in das topografische Coaching*, essentials, DOI 10.1007/978-3-658-19476-5_8

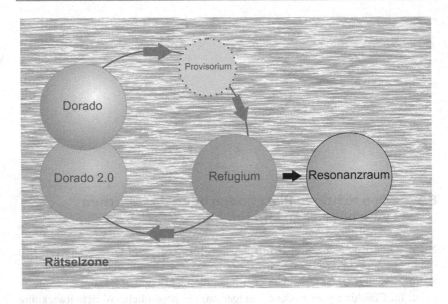

Abb. 8.1 Der Resonanzraum im topografischen Coaching

Medizin! Da würde ich mir das Musikstudium aber schon noch mal überlegen?"
oder haben seit Jahren anderen zuliebe Karriere wider Willen gemacht. Häufig
führt sie erst die völlige Erschöpfung oder Überlastung ins Coaching.

8.2   Typische Dissonanzkonstellationen

„Kann es sein, dass ein ganzes Team im Burnout ist?" nach dieser rhetorischen
Frage an den Coach wendet sich die Vorgesetze beim gemeinsamen Auftaktge-
spräch an ihre Mitarbeiterin Nina W., Teamleitung externe Kommunikation.

> Nicht nur du, Nina, ihr alle arbeitet doch wie verrückt! Okay, die Krisenkommuni-
> kation, das war ein Ausnahmezustand und den hast du bravorös gemeistert. Deshalb
> haben wir dir ja auch die Teamleitung übertragen. Aber das ist jetzt ein halbes Jahr
> her und ich habe den Verdacht, dass ihr alle regelmäßig die Höchstarbeitszeit über-
> schreitet. Eigentlich müsste ich dich zwei Monate in den Urlaub schicken, so viele
> Überstunden hast du!

Im Coaching wird sehr schnell deutlich, dass Nina W. tatsächlich erste Burn-out-
Symptome aufweist, jedoch wird ebenfalls rasch klar, dass sie todunglücklich

mit ihrer Führungsaufgabe ist. Seit dem Krisenfall fühlt sie sich für alles und alle verantwortlich, prüft persönlich und haarklein jede Textzeile, die nach draußen geht, unterstützt ihre drei Mitarbeiterinnen, wo sie nur kann. Die versuchen es ihr gleichzutun *(„Wir können die liebe Nina doch nicht hängen lassen.")*, keine will die erste sein, die abends heimgeht. Und die liebe Nina weiß sich selbst nicht anders zu helfen, als noch mehr zu tun *(„Schließlich muss ich meine Mädels doch entlasten!")*.

Die Stärkung und anfängliche Fokussierung auf Stressbewältingung sowie Work-Life-Balance mit achtsamkeitsbasierten Methoden tun Nina W., und somit auch ihrem Team, sichtlich gut. Zudem wird deutlich, dass die Klientin von sehr tief verwurzelten Glaubenssätzen angetrieben wird. Letztere sind gekennzeichnet von Perfektionsmus und dem Wunsch es allen Recht zu machen. Ihre Erkenntnis *„Ich darf es auch mir recht machen!"* ermöglicht uns den Einstieg in die Suche nach dem Resonanzraum mit der Methode des Karrieremosaiks (siehe Abschn. 8.3).

Dissonanzkonstellationen wie bei Nina W. begegnen uns im Coaching häufiger und sind für den topografisch arbeitenden Coach ein Indiz dafür, die Suche nach dem Resonanzraum als Coachingfokus anzubieten:

- Der Fachspezialist in einer Führungs- oder Projektleitungsposition mit vielen konfliktreichen Schnittstellen:
  „Als mir die Aufgabe angeboten wurde, hatte ich größte Bedenken, aber habe dann doch zugesagt. Sofort habe ich das bitter bereut und bin zwei Tage später zu meinen Bereichsleiter marschiert um meine Zusagen zu revidieren. Er hat gesagt, dass ein Verzicht auf meine Fachexpertise in dieser schwierigen Projektkonstellation unmöglich sei und gefragt, ob er auf mich zählen kann. Leider habe ich Ja gesagt – und seither schlafe ich keine Nacht mehr."
- Der „Nice Guy" im hochpolitischen Haifischbecken:
  Aussagen wie *„Wir schätzen ihn menschlich sehr."* oder *„Er ist immer kollegial und hilfsbereit.",* aber auch *„Seine Mitarbeiter agieren völlig unabgestimmt und er lässt sie einfach machen."* und *„Es fehlt eine klare Vision, er müsste viel strategischer agieren."* lassen sich als typische Aussagen von Kollegen und Vorgesetzten in diesen Fällen aufführen.
- Die Weltbürgerin in der kommunalen Verwaltung:
  Wir denken hier an die (perfekt dreisprachige) Assistentin des Geschäftsführers einer lokalen Behörde. Ihr Organisationstalent, ihre Sprachbegabung und Abenteuerlust entfaltet sie heute nach der erfolgreichen Suche ihres Resonanzraums als Crewmanagerin einer Luxusjacht und genießt es, die Hälfte des Jahres über die Weltmeere zu jetten.

Diese Liste ließe sich beliebig lang fortsetzen, aber der Punkt dürfte deutlich geworden sein: Es handelt sich hier um Menschen, die sich in einem Umfeld befinden, das nicht zu ihnen passt und in dem sie ihre Kraft nicht entfalten oder, anders ausgedrückt, ihre Signaturstärken nicht einsetzen können. Folglich sind diese Menschen nicht erfüllt. Wenn sie obendrein nicht über die im Job geforderten Kompetenzen wie etwa Durchsetzungsstärke, Konfliktfähigkeit oder mikropolitisches Geschick verfügen, geraten sie unter Druck und sind überfordert – im schlimmsten Fall scheitern sie. Leider wird der arme Frosch dann oft viel zu lang an die Wand geworfen… und wird und wird kein Prinz, bis ihm endlich jemand erlaubt in den Brunnen zu springen!

8.3   Coachingtools für die Suche nach dem richtigen Platz: Karrieremosaik und Karriereanker

„Das Karrieremosaik" von Nelson Bolles ist in den USA seit Jahrzehnten ein Bestseller. In Deutschland ist es unter dem – etwas unglücklichen – Titel „Durchstarten zum Traumjob" (2012) beschrieben. Die modifizierte Version dieses Modells, mit der wir im topografischen Coaching arbeiten, ist in Abb. 8.2 dargestellt. Neben den unten beschriebenen Signaturstärken und Karriereankern analysieren wir mit den Klienten ihre persönlichen Interessen, Werte sowie Faktoren des beruflichen Umfelds, die es ihnen ermöglichen, zufrieden und erfolgreich zu sein. Im Coaching geht es darum, Mosaikstein für Mosaikstein zu befüllen (von Schuman und Völler 2014) und damit eine zunehmend klarere Vorstellung vom Resonanzraum zu gewinnen. Bei Bolles stehen die individuellen Kernkompetenzen im Zentrum, in der positiven Psychologie (Seligman 2005) spricht man von Signaturstärken. Gemeint sind damit die Stärken, Fähigkeiten und Talente, die jeden Menschen ganz individuell charakterisieren. Diese herauszufiltern stellt ein zentrales Element im Karrieremosaik dar, denn nur wenige Menschen sind sich ihrer „Stärkenhandschrift" bewusst. Interessanterweise sind die eigenen Signaturstärken für uns meist so selbstverständlich, dass wir sie gar nicht als solche wahrnehmen. *„Das ist eine besondere Stärke? Das kann/macht doch jeder, oder?"* ist eine häufige Reaktion bei der Rückmeldung von Signaturstärken.

Zur Erarbeitung der Signaturstärken verfassen die Klienten, nach einer klar vorgegebenen Struktur, ihre „Erfolgsgeschichten". Erfolg bedeutet hierbei nicht, dass man nach einem Ereignis suchen muss, mit dem man „Weltgeschichte" geschrieben hat. Es geht vielmehr um – möglicherweise sogar recht kleine – Begebenheiten, auf die wir selbst Einfluss genommen, die wir gut und mit Freude ausgeführt und die uns mit Stolz erfüllt haben. Erfolgsgeschichten können dem

Das Karrieremosaik

Abb. 8.2 Karrieremosaik nach Nelson Bolles

privaten wie auch beruflichen Kontext entnommen sein. Die Erfolgsgeschichten der Teamleiterin Nina W. handeln beispielsweise von einer Alpenüberquerung mit dem Mountainbike, die sie ganz für sich alleine geplant und durchgezogen hat, von der perfekten Rede, die sie für einen früheren Chef geschrieben hat sowie von ihrem Blog, den sie aus der Sicht ihrer Katze „Pebbels" betreibt und dessen umwerfend komischen Videos „aus Katzenperspektive" ein Renner auf YouTube bzw. Snapchat sind. Die darauffolgende Analyse der Geschichten und Resonanz durch den Coach erzielt einen doppelt positiven Effekt. Zum einen wird Nina durch die Spiegelung einer Vielfalt von Fähigkeiten gestärkt, die sie selbst beim Schreiben der Erfolgsgeschichten gar nicht gesehen hat *(„Das ist wie eine warme Dusche, nur besser"!)*. Zum anderen resultiert eine große Auswahl an Fähigkeiten, die im Anschluss zu fünf Signaturstärken verdichtet werden. Die

Fokussierung auf Positives wirkt vor allem in Umbruchsituationen stärkend, das Herausfinden der eigenen Kernkompetenzen gelingt meist mühelos und macht, wie im Rahmen der positiven Psychologie nachgewiesen wurde, sogar glücklich! Bei Nina W. wurden die Stärken Kreativität/Fähigkeit zum Perspektivwechsel, Autonomie/Eigenständigkeit, Schreibtalent, Medienkompetenz und Wirksamkeit aus der zweiten Reihe heraus (statt im Rampenlicht oder in der Führungsrolle) identifiziert. To cut a long story short: Sie betreut heute die Intranetforen des Konzerns und sorgt mit ihren kreativen Ideen sowie viel „Gamifikation" für enorme Beteiligung und einen regen Austausch auch zu eher sperrigen Fokusthemen.

Anhand der Karriereanker nach Edgar Schein (Abb. 8.3) wird deutlich, welche von acht unterschiedlichen Motiven für uns handlungsleitend sind und wo genau die Hemmschwellen liegen, die eine Veränderung oder Entwicklung blockieren. Die bevorzugten Karriereanker können anhand eines von uns entwickelten Kurztests vom Coachee selbst ermittelt werden. In Abb. 8.3 ist das Testergebnis von Phillip K. dargestellt, der sich in den Endzügen seines MBA befindet und von dem Gedanken fasziniert ist, ein Start-up Unternehmen zu gründen. Im Orientierungscoaching, das Teil seines MBA-Programms ist, reflektiert er sich und seine Pläne. Das Start-up sollte im Bereich Umwelt und Nachhaltigkeit angesiedelt sein, z. B. mit gesunder Ernährung zu tun haben – der 31-jährige Betriebswirt ernährt sich selbst seit einiger Zeit vegan. Die Analyse seiner Karriereanker ergibt

Karriereanker

Fach- und Sachorientierung	3.85	
Autonomie / Unabhängigkeit	6.15	
Managementorientierung	3.08	
Sicherheit / Stabilität	10.00	
Sinn- / Werteorientierung	10.00	
Herausforderung	4.62	
Integration der Lebensweise	6.15	
Unternehmerische Orientierung	6.92	

Abb. 8.3 Beispielhafte Auswertung unseres Karriereanker-Tests. (Modell nach Edgar Schein)

zwar eine hohe Priorität des Karriereankers „Sinn- und Werteorientierung", allerdings sind ihm „Sicherheit und Stabilität" ebenso wichtig. Zusammen mit seinen Kernkompetenzen „Diplomatisches Geschick", „Mikropolitisches Agieren auf höchster Ebene" und „Interkulturelle Kompetenz" wird eine Position im Bereich Umwelt und Nachhaltigkeit in einer internationalen Unternehmung oder Organisation als zu ihm passend erarbeitet. Nach der Identifikation dieses Resonanzraums, fällt der Abschied von der Idee der Selbstständigkeit erstaunlich leicht.

Wer seinen Resonanzraum gefunden bzw. eine Position inne hat, die den eigenen Kompetenzen, Neigungen sowie Interessen in hohem Maße entspricht, kann auch stressige Zeiten gut und gesund überstehen. Menschen, die davon überzeugt sind, bestimmte Aufgaben selbst mit Erfolg ausführen zu können, sind nachweislich besser in der Lage, Alltagsstress zu bewältigen (Kaluza 2011). Übt man eine Tätigkeit aus, die „zu einem passt", wird die Selbstwirksamkeitserwartung erhöht und das Gefühl, Herausforderungen gewachsen zu sein steigt. Neue Aufgaben oder Veränderungen im Beruf werden nicht als bedrohliche Stressoren bewertet, sondern als bewältigbare Herausforderung. Entsprechend gelten ein passendes Arbeitsumfeld und passende inhaltliche Arbeitsanforderungen – neben anderen Faktoren wie etwa Handlungsspielraum oder soziale Rückendeckung – als gesundheitsförderliche Faktoren.

Rolle und Aufgaben des Coaches im topografischen Coaching

9.1 Der Coach als Reiseführer und Wegbegleiter (besonders in der Rätselphase)

Tatsächlich durchlaufen wir – im Großen oder Kleinen – ständig und vollkommen automatisch die verschiedenen Stationen der Lösungsgeschichte. Im Grunde handelt es sich um einen „ganz normalen" Lern- oder Veränderungsprozess. Wir machen eine persönliche Erfahrung, reflektieren diese, ziehen unsere Schlüsse daraus und testen letztere indem wir neue Handlungen ausführen. Dadurch sammeln wir wiederum neue Erfahrungen und der Zyklus kann von neuem beginnen (vgl. z. B. den vierstufigen Lernprozess nach Honey und Mumford 1992). Bei kleineren Problemen durchlaufen wir diesen Zyklus in Minuten, bei größeren in Monaten.

Was ist also im Coaching anders, dass der Klient die Stationen nicht allein durchreisen kann oder mag? Er steckt an einem bestimmten Punkt der Lösungsgeschichte fest, ist blockiert und kommt nicht weiter. Wie zum Beispiel ein zutiefst verunsicherter und verwirrter Peter A., der nicht versteht, warum er eine Abmahnung erhalten hat (siehe Abschn. 3.3 und 3.4). Eine erschöpfte, überlastete und in der Führungsrolle unglückliche Nina W., die es immer versucht allen recht zu machen und erst lernen muss, ihre eigenen Bedürfnisse zu erkennen (siehe Abschn. 8.2). Oder auch Sebastian N., der so dringend das Selbstbild eines starken, perfekten und begehrten Fachmanns aufrechterhalten muss, dass er die Realität einer drohenden Arbeitslosigkeit komplett ausblendet (siehe Abschn. 5.1). Dem Coach kommt bei diesen Klienten im Wesentlichen die Rolle des Reiseführers zu. Er kennt die Stationen der Lösungsgeschichte, begleitet die Klienten bei der Erkundung der vor ihnen liegenden, noch unbekannten inneren und äußeren Räume. Dabei bucht der Coachee keine „Pauschal- oder Gruppenreise", sondern

© Springer Fachmedien Wiesbaden GmbH 2018
K. von Schumann und C. Harss, *Einführung in das topografische Coaching*, essentials, DOI 10.1007/978-3-658-19476-5_9

eine höchst individuelle, auf seine Bedürfnisse und Interessen abgestimmte „Exklusivreise". Im Idealfall gerät er dabei an einen erfahrenen Profi, der für ihn eine passende Mischung aus „Ausflügen auf eigene Faust" und „Guided Walks" zusammenstellt.

Wir stellen diesen Klienten das Raummodell meist recht früh im Coaching vor und erleben durchweg sehr positive Reaktionen. Die Einordnung auf der topografischen Landkarte gelingt den Klienten selbst fast immer spontan. Auch reagieren diese regelmäßig mit Erleichterung auf ihre Verortung im topografischen Modell bzw. auf dessen universellen Charakter: *„Gottseidank! Das ist also ein ganz normaler Entwicklungsprozess, den ich durchlaufe wie jeder andere auch!"* Und nicht selten folgt die neugierige Frage: *„Und wie geht´s weiter?"*

9.2 Der Coach als Trainer und Sparringspartner im Refugium

Bevor wir das Raummodell von Christan Mayer kennengelernt und daraus das topografische Coaching entwickelt haben, hatten wir im Coaching häufig den Eindruck, dass die Klienten wesentliche Veränderungen bereits hinter sich haben, wenn sie ins Coaching kommen. Aus unser heutigen Perspektive stehen diese Klienten kurz vor dem Aufbruch aus dem Refugium und möchten mit einem gut gefüllten Rucksack ihre zweite Reise in die Rätselzone antreten. Richard P., den wir in Abschn. 6.3. beschrieben haben, entspricht diesem Kliententypus. Ein ähnlicher Fall liegt bei Paul H. vor.

> Eigentlich wäre ich bereit für die nächste Ebene, findet mein Chef, aber ich möchte noch ein Jahr warten, bevor ich ins Assessmentcenter gehe. Das neue Verfahren soll echt knackig sein und ich habe nur eine einzige Chance zur Wiederholung. Gerade für schwierige Mitarbeitergespräche fehlen mir die Tools und in meiner Referentenposition auch die Erfahrung. Und ich habe gehört, die Rollenspielerin im AC ist total auf Krawall gebürstet!

Eine ähnlich reflektierte, reife und eigenverantwortliche Haltung finden wir bei Klienten, die sich einen Coach als Sparringspartner suchen, um sicherzustellen, dass ihr Dorado auch weiterhin eines bleibt. Julia S., die in Abschn. 3.1. vorgestellt wurde, repräsentiert diese Haltung.

Trainer und Sparringspartner ist der Coach aber auch dann, wenn der Klient ursprünglich aus der Rätselphase oder dem Provisorium kam und nun nach einer Phase der Regeneration und Analyse im Refugium seine Probleme geschlossen angehen will. Auch der abgemahnte Peter A. sowie der Firmeninhaber Anton G. können hier ein kritisches zweites Gehirn brauchen, das neue Strategien hinterfragt, bei Rollenspielen Feedback gibt oder auf alte Denkmuster hinweist. In der Rätselzone lauern auch nach der Läuterung Gefahren, die gemeistert werden wollen.

9.3 Der Coach als Entscheidungshelfer und Strategieberater (im zweiten Aufbruch in die Rätselphase)

„Fünf Jahre Oberarzt sind genug, ich lerne hier nichts Neues mehr. Ich kann zwar mit dem Fahrrad in die Klinik fahren, die Kollegen sind nett, der Chef auch, aber da geht doch noch mehr!", beginnt Leo B. das Coachinggespräch. *„Eigentlich war ich hier nie am richtigen Platz, in meinem Fachbereich gehören wir einfach nicht zur Spitzenklasse. Aber mein Vater hatte eine lange, schwere Krankheit und nach seinem Tod habe ich für meine Mutter den Firmenverkauf übernommen."* Dem Coach sitzt also ein Klienten gegen, der sich gerade im Aufbruch aus dem Refugium befindet.

Natürlich bin ich schon aktiv geworden und habe jetzt mehrere Optionen. Ich könnte in einer Radiologischen Gemeinschaftspraxis arbeiten oder mich sogar alleine niederlassen, da ich ja gerade eine beträchtliche Summe geerbt habe. Außerdem gibt es noch das Angebot meines alten Chefs an der Uni, der mir angeboten hat bei ihm zu habilitieren. Dort würde ich zwar unglaublich viel lernen, aber ich weiß auch, was er von mir verlangen würde... und im Augenblick ist mir die Zeit mit meiner kleinen Tochter auch sehr wichtig.

Während der Coach Leo B. zuhört, registriert er die vielen unterschiedlichen Perspektiven und begibt sich mit dem Klienten zunächst auf Spurensuche nach dem ursprünglichen Dorado bevor gemeinsam eine Vision entwickelt sowie seine verschiedenen Optionen geprüft werden.

Bewährt haben sich in diesen Fällen Übungen wie beispielsweise die „Rede zum 75. Geburtstag". Anhand dieser Übung können handlungsleitende Werte und motivierende Visionen besonders gut herausgearbeitet werden.

Im Rahmen dieser Übung schreiben die Klienten ihre eigene Rede, die sie fiktiv an ihrem 75. Geburtstag vortragen. In dieser erwähnen sie die wirklich besonderen Momente ihres Lebens. Dazu gehören besonders schöne, ergreifende, glückliche oder auch besonders weise Lebensmomente. Zudem erzählen sie in dieser Rede, wofür sie im Leben standen, was andere an Ihnen schätzten und was ihnen wirklich wichtig war. Da sie dies zum gegenwärtigen Zeitpunkt nur bedingt wissen können, lautet die Aufgabe den fehlenden Teil, also die nächsten 20 bis 40 Jahre, frei zu erfinden und zwar geradewegs so, wie es Ihnen bestmöglich erscheint. In der Rede sollen die Klienten vor allem auf ihren Beruf eingehen und ihren Gästen, die sie auf ihrem Lebensweg begleitet haben, erläutern warum sie diesen ergriffen, was er ihnen schenkte, vielleicht auch warum sie ihn manchmal einfach nur aushielten oder letztlich eventuell doch berufliche Veränderungen vornahmen, oder eben nicht. Während Coachees diese Rede scheiben, haben sie häufig das ein oder andere Aha-Erlebnis bezüglich ihrer Werte, Bedürfnisse und Prioritäten im Leben. Das Verlesen der Rede im Coaching ist dann nicht selten durchaus ergreifend.

In die Rolle des persönlichen Strategieberaters schlüpft der topografische Coach vorzugsweise bei Klienten, die im Refugium festsitzen und aufgrund fehlender Alternativen keinen Ausweg sehen oder deren bevorzugter Ausgang (derzeit noch) versperrt ist. Die Produktmanagerin Leonie in der Endloswarteschleife (siehe Abschn. 6.3) war ein Beispiel hierfür und auch Franz H. repräsentiert diesen Kliententypus. Herr H. gilt als unbestrittener Know-how Träger und hervorragende Führungskraft, das Potenzial für die Ernennung in die oberste Führungsriege wurde ihm dennoch nicht zugesprochen. Zu kauzig sei sein Auftreten, die Flughöhe seiner Präsentationen in Top-Gremien stimme nicht und es fehle insgesamt die Vision und die Visibilität, die man sich von Entscheidern auf dieser Ebene erwarte. Franz H. brauchte eine Weile, um dieses Feedback zu verdauen und reflektierte sich selbst eingehend. Letztlich kam er zu dem Schluss, dass er wohl einiges in Sachen „Selbstmarketing" lernen müsse, wenn er in dieser Liga mitspielen wolle. Er entschied sich dafür einen Coach zu suchen um mit diesem eine Selbst- und Bereichsmarketingstrategie zu erarbeiten.

9.4   Der Vorgesetzte als Coach

Es gibt im deutschsprachigen Raum eine durchaus kontroverse Diskussion darüber, ob Vorgesetzte coachen dürfen, können oder sogar müssen. Diese möchten wir an dieser Stelle allerdings nicht fortführen. Wir sind absolut davon überzeugt, dass „Coaching als Führungsstil" (von Schumann und Böttcher 2016) zeitgemäß und notwendig ist. Mit dem topografischen Coaching legen wir ein Orientierungsmodell vor, dass insbesondere auch für coachende Führungskräfte geeignet ist – insofern diese eine entsprechende Fortbildung oder Supervision absolvieren. Sie können anhand des Modells sehr gut ableiten, welche Coachingaktivitäten ihrerseits hilfreich sind und wann sie ihrem Mitarbeiter besser einen professionellen Coach zur Seite stellen. Im Folgenden sind die Aufgaben, Möglichkeiten und Grenzen des Vorgesetztencoachings in den einzelnen Stationen kurz und exemplarisch zusammengestellt.

Dorado
z. B. Der Mitarbeiter arbeitet gut, realitätsangepasst und motiviert.

Regelmäßiges Feedback geben ist hier hilfreich und geradezu eine Vorgesetztenpflicht, ebenso wie das gut vorbereitete Führen von Review- und Zielvereinbarungsgesprächen. Da der Vorgesetzte seinen Mitarbeiter (in der Regel) im Alltag gut beobachten kann, ist sein wertschätzendes, konkretes und entwicklungsorientiertes Feedback ungemein wertvoll. Besonders realitätsangepasst arbeitende Mitarbeiter werden leider oft weniger mit Aufmerksamkeit bedacht, als (aus Sicht des VG) „Minderleister" oder „Störenfriede". Hier kann ein Selbstreflexionstool ausgleichend wirken und dem Chef Hilfe in seinem Führungsverhalten als Früherkennung möglicher Störungen beim Mitarbeiter leisten (Harss 2009).

Rätselzone/Provisorium
z. B. Der Mitarbeiter wirkt verunsichert, wenig realitätsangepasst, ineffizient oder verausgabt sich völlig.

Hier ist Vorsicht und Zurückhaltung in der Coachrolle geboten, denn nicht selten ist der Vorgesetzte selbst Auslöser der Verwirrung und Verunsicherung oder, im Falle eines schwierigen Chanceprozesses, ebenfalls betroffen. In anderen Fällen sollte dezent Unterstützung signalisiert werden. Tina Baacke, weltweit für das Risikomanagement eines großen DAX Unternehmens zuständig, berichtet uns im Interview, wie das sogar in der virtuellen Führung über Distanz funktioniert

[…] Ein weiteres Beispiel sind Krisen oder Krankheitsfälle in der Familie von Mitarbeitern: Wenn Mitarbeiter dann mehr für ihre Familie da sein müssen, ist es wichtig, Signale zu geben, dass wir voll hinter ihnen stehen und es völlig okay ist, wenn man vorübergehend nicht so greifbar in der Arbeit ist. […] Diese Art von Unterstützung wird unglaublich wertgeschätzt von den betroffenen Mitarbeitern (von Schumann 2017).

Bei ernsten gesundheitlichen Problemen, massiven Fehlern oder Alkoholproblemen ist Schluss mit der vornehmen Zurückhaltung. Hier greift die Führsorgepflicht und professionelle Hilfe (z. B. Betriebsarzt, Personalabteilung, Gesundheitsbeauftragte) sollten vom Vorgesetzten konsultiert werden.

Refugium

z. B. Der Mitarbeiter blockt Neues ab, zieht sich in Routinearbeiten zurück.

Hier kann Coaching durch den Vorgesetzten oder auch Mentoring äußerst hilfreich sein wenn es darum geht, die Komfortzone zu verlassen. Wie das folgende Beispiel zeigt, gelingt es dem Mitarbeiter durch Fragen der Vorgesetzten neue Perspektiven zu entwickeln.

[…] Ich habe gerade einen sehr erfahrenen Mitarbeiter vor Augen. Er kennt sich auf seinem Gebiet sehr gut aus, ist engagiert unterwegs, auch in seiner fortgeschrittenen Lebensphase, und sehr eigenständig. Ich habe noch weiteres Potential bei ihm gesehen und führe ihn coachingorientiert. Wenn er beispielsweise etwas erarbeitet […] stelle (ich) Fragen wie: ‚Wie können wir das noch darstellen?‘, ‚Wie ist der Diskussionstand in der Abteilung X?‘. Das hat inzwischen einen hohen Reifegrad. Und ich habe gerade letzte Woche die Rückmeldung von einem Partner auf meiner Hierarchieebene erhalten, der mir von sich aus sagte, dass das ein ganz toller Mitarbeiter sei, der wohl schwierig zu ersetzen wäre, wenn er in Pension geht.

Interview mit Ursula Mathar, Konzernplanung und Produktstrategie Nachhaltigkeit und Umweltschutz, BMW Group (von Schumann 2017).

Resonanzraum

Auf der Suche nach einem Resonanzraum (innerhalb des Unternehmens!) könnte der Vorgesetzte hervorragend unterstützen bzw. dafür Sorge tragen, dass die Mitarbeiter nicht in Dissonanz geraten. Falls ein (funktionierendes) Talentmanagementsystem vorhanden ist, gilt es dieses zu nutzen. Die Ergebnisse von Orientierungsworkshops oder Developmentcenter sollten konkrete Anregungen, auch für das Vorgesetztencoaching, enthalten. Die leider immer noch in vielen Unternehmen bestehende Zweiklassengesellschaft zwischen General Management Funktionen und Fachkarrieren, trägt dauerhaft dazu bei, dass hochbegabte Fachkräfte auf der falschen Party landen. So lange diese Ungleichheit besteht, kann ein Chef bewusst in seinem Team für Wertschätzung und Einbezug der Fachexperten sorgen.

Was Sie aus diesem *essential* mitnehmen können

- Ein Modell zur Strukturierung und Steuerung von Entwicklungsprozessen im Coaching
- Kriterien, Hinweise und Tipps zum Erkennen der topografischen Räume („Wo steht der Klient in seiner Entwicklung?")
- Anregungen zur Gestaltung der verschiedenen Coachingphasen mit bekannten und neuen Tools

© Springer Fachmedien Wiesbaden GmbH 2018
K. von Schumann und C. Harss, *Einführung in das topografische Coaching*,
essentials, DOI 10.1007/978-3-658-19476-5

Anhang: Das Raummodel im Überblick

Dorado

Charakterisierung des Raumes:
Passung zur Realität; Kontrolle, Gleichgewicht, Positives Feedback der Umwelt

Bedürfnisse und Affekte beim Klienten:
Kein Veränderungswunsch, Wohlbefinden, Erfüllte Grundbedürfnisse, Statik mit allenfalls kleinen Irritationen

Rolle und zentrale Aufgaben des Coaches:
Sparringpartner, Advocatus Diaboli, Begleitung bei der Sichtung mit Blick auf die Gegenwart und Zukunft

Beispiele für …
…etablierte Coachingtools:

- Methoden/Tools zur Systematischen Analyse (z. B. Lebensrad) verschiedener Lebens-/Arbeitsbereiche
- Feedbacktools, Persönlichkeitsinventare, um mögliche blinde Flecken bzw. Optimierungspotenziale bewußt zu machen

… spezifische Coachingtools der topografischen Arbeit:

- Klient zeichnet Bild seiner aktuellen Situation/seines aktuellen Zustands, welches nach den Beispielen von Mayer (2015) nach Belegen für das Dorado analysiert werden kann

© Springer Fachmedien Wiesbaden GmbH 2018
K. von Schumann und C. Harss, *Einführung in das topografische Coaching,*
essentials, DOI 10.1007/978-3-658-19476-5

- Klient berichten lassen und dabei auf verbale sowie nonverbale Hinweise für Zufriedenheit/Unzufriedenheit achten, um mögliche Haarrisse im Dorado gemeinsam zu identifizieren und auszubessern

Rätselzone 1
Charakterisierung des Raumes:
Veränderung, Wandel, Chaos, Strukturverlust, Umbruch

Bedürfnisse und Affekte beim Klienten:
Angst, Verwirrung, Ratlosigkeit, Desorientierung, Schock, Sprunghaftigkeit, Unfähigkeit zu entscheiden

Rolle und zentrale Aufgaben des Coaches:
Stabilisierung, Ruhe, Begleitung

Beispiele für ...
...etablierte Coachingtools:

- Entspannungstechniken; achtsamkeitsbasierte Coachingmethoden (Parasympatikustraining, Mikropausen)
- Aktives Zuhören, Verbaliseren

... spezifische Coachingtools der topografischen Arbeit:

- Überblick über das Modell zur Verfügung stellen (z. B. auf Flipchart). Phasen und damit verbundene Zustände beschreiben. Klient sich selbst einordnen lassen („Wo stehe ich?"). Dieses Vorgehen bringt Entlastung („Das ist ein ganz normaler Änderungsprozess") und Richtung (" Die nächste Station ist das Refugium")
- Gespräch über das verlorene Dorado zur Bewusstmachung möglicher Ressourcen

Provisorium
Charakterisierung des Raumes:
Aufgabenfülle, Komplexität, Instabilität, Sollbruchstellen, Notlösungen, Trial and Error

Bedürfnisse und Affekte beim Klienten:
Anstrengung, Überforderung, Eigensinn, häufig im Sendermodus, gestörte Work-Life Balance, Beratungsresistenz, Rechtfertigung, Ausweglosigkeit, Bewahren, was nicht zu bewahren ist

Rolle und zentrale Aufgaben des Coaches:
Begleitung aus dem Provisorium, Erspüren/Verstärken gesunder eigener Änderungsimpulse des Klienten, Hilfe beim Eingeständnis des Scheiterns, Stabilisator und Ruhepol, Entlastung von Schuldgefühlen und Scheinzwängen, Hilfe bei der Suche nach einem Refugium

Beispiele für ...
...etablierte Coachingtools:

• Visualisierungs-,Strukturierungs,-Systematisierungsmethoden wie Mindmap, Systemzeichnung, Lebensrad
• Analyse von Stresssymptomen (Burn-out-Checkliste, Schlaftagebuch) und edukative Maßnahmen (Gedanken-Stopp, Schlafhygiene)

... spezifische Coachingtools der topografischen Arbeit:

• Aufgreifen eines vom Klienten selbst genannten Refugiums oder des Wunschs nach einem Refugium. Diesen Raum imaginär an einer Stelle im Coachingraum entstehen lassen und den Klienten dazu einladen ihn wenigstens hier – mal probehalber aufzusuchen. Den Klienten spüren lassen wie es sich anfühlt endlich einen Schritt weiter zu sein und damit den Boden zum Loslassen ebenen.

Refugium
Charakterisierung des Raumes:
1. **Rückzug:** Schutz, Abschirmung, Insel, Ruheplatz
2. **Realitätsanpassung/Entwicklung:** Überblick, Abstand, Muster werden deutlich
3. **Aufbruch:** Enge, Überholtheit, Startrampe

Bedürfnisse und Affekte beim Klienten:

1. **Rückzug:** Erschöpfung, Ruhebedürfnis, Wunsch in Ruhe gelassen zu werden, Rückzugs- und Fluchtbedürfnis
2. **Realitätsanpassung/Entwicklung:** Wunsch nach Erkenntnis, Selbstreflexion, Fragen, kritische Nachdenklichkeit, Offenheit für Neue Perspektiven, Klarheit,

Entstehen eines neuen Ziels, Entscheidung was künftig beizubehalten ist (Stärken des Klienten oder des alten Dorado) – was nicht mehr

3. **Aufbruch:** Feilen am Ziel, Wunsch zu handeln, Probehandeln, Üben, Gefühl auf der Stelle zu treten, Enge des Refugiums, kleine Ausflüge in die Rätselphase

Rolle und zentrale Aufgaben des Coaches:

1. **Rückzug:** Da sein, Zuhören, Ausruhen lassen, Kräftigen, nicht fordern
2. **Realitätsanpassung/Entwicklung:** Hilfe bei der Analyse mit Abstand und bei der Selbstreflexion, Unterstützung bei Zielfindung, Kritischer offener Dialog auf Augenhöhe
3. **Aufbruch:** Hilfe bei Entscheidung und Zieldefinition, Ermutigung, Sparringspartner beim Probehandeln, Konfrontation mit (früheren) dysfunktionalen Handlungs- und Sichtweisen, Pläne/Ideen wasserdicht machen

Beispiele für ...
...etablierte Coachingtools:

1. **Rückzug:** Ressourcenorientierte Coachingtools aller Art
2. **Realitätsanpassung/Entwicklung:** Entwicklungsorientierte Coachingtools auf der Verhaltensebene (z. B. Simulationen mit Videofeedback), der Ebene der Einstellungen (z. B. Antreiberanalyse) und zur Unterstützung der Selbstreflexion (systemische Fragen, Perspektivwechsel)
3. **Aufbruch:** Entscheidungsübungen wie Tetralemma, Konferenz mit dem inneren Team

... spezifische Coachingtools der topografischen Arbeit:

1. **Rückzug:** Coachingort bewusst als Rückzugsort erleben lassen – geschützter Raum (wenn möglich nicht in der Arbeit), keinerlei Störungen, Diskretion, Ruhe (Telefon leise), Vitaminsaft, Zuhören, ruhige überlegte einfache Statements, Pausen zulassen
2. **Realitätsanpassung/Entwicklung:** Aufstellung einer Teamkonstellation im alten Dorado und in der Rätselphase, verbunden mit einer Erklärung des Modells (z. B. auf Flipchart). Was ist passiert, was hat sich verändert und was ist noch da?
3. **Aufbruch:** Arbeit mit Fokuskarten (siehe Abschn. 6.2). Instruktion: Karte aussuchen lassen, die das Karriereziel des Klienten am besten symbolisiert und

vergleichen mit einer weiteren, ausgesuchten Fokus-Karte für Lieblingsspiel oder ein „gutes Gefühl" als Kind. Korrektur und Erkennen falscher Ziele am eigentlichen Bedürfnis vorbei?

Rätselphase II
Charakterisierung des Raumes:
Unbekannt, Aufregend auf dem Weg zum Ziel, Wanderung mit Kompass

Bedürfnisse und Affekte beim Klienten:
Beherzt, Lustvoll, Neugierig, Energetisch aufgeladen, Kommunikation mit Dritten, schrittweise Annäherung zum Ziel (neues Dorado oder Resonanzraum)

Rolle und zentrale Aufgaben des Coaches:
Tankstelle und Hilfslotse beim Probehandeln, Ermutigung bei Rückschlägen, Sensibilisierung für neue Erfahrungen

Beispiele für ...
...etablierte Coachingtools:

- Stärkendes Feedback, Stärken und Ressourcen vor Augen führen
- Vorbereitung auf bzw. Simulation von konkret anstehenden Herausforderungen (Gespräche, „Auftritte")

... spezifische Coachingtools der topografischen Arbeit:

- Kompass (physisch) in die Hand geben und Ziel beschreiben lassen. Klient schildert Alltagserfahrungen mit Kompass in der Hand. Dabei gibt der Coach Feedback, sobald ihm alte Muster oder Zielverlust in der Schilderung auffallen – besser noch, spiegelt der Coach wenn der Klient mimisch oder verbal selbst erkennt, wo er vom Weg abkommt. Mit Klienten nach Umwegen oder Hilfestellungen suchen, um ans Ziel (Dorado II oder Resonanzraum) zu gelangen.

Resonanzraum
Charakterisierung des Raumes:
Optimale Passung ohne Änderung des Klienten, „Topf und Deckel", „Hier bin ich Mensch..."

Bedürfnisse und Affekte beim Klienten:
Glück, Heimatgefühl, Gefühl endlich angekommen zu sein, müheloser Erfolg

Rolle und zentrale Aufgabe des Coaches:
Fazit und Beendigung des Coachings

Beispiele für ...
...etablierte Coachingtools:

* Karriereanker, Karrieremosaik zum Auffinden bzw. Überprüfen des Resonanzraums

... spezifische Coachingtools der topografischen Arbeit:

* Als Einstieg Märchen vom hässlichen Entchen vorlesen
  Frage: Wenn es keinerlei Hindernisse (Eitelkeiten, Sachzwänge, Erwartungen Dritter usw.) gäbe – wo – in welchem Job, Umfeld, Tätigkeitsbereich wäre Ihr persönlicher Schwanenteich?

Dorado II
Charakterisierung des Raumes:
Der Klient hat die Umwelt verändert oder sieht sie mit anderen Augen (Reframing). Möglich wird dies durch eine neue Erkenntnis, die er in der Rätselzone erworben hat, in der er sich transformiert hat. Enthält Elemente des alten Dorados und Neues.

Bedürfnisse und Affekte beim Klienten:
Lust am Gestalten, Aushandeln und Festigen von Kontakten, Realitätsverhaftung, Energie

Rolle und zentrale Aufgaben des Coaches:
Letzte Hilfestellungen beim Einrichten in der neuen Realität, Fazit, Beendigung des Coachings

Beispiele für ...
...etablierte Coachingtools:

* Sehr konkretes Aufzeigen der Entwicklungsfortschritte (positive Verstärkung) und Etablieren von guten Selfcoaching-Gewohnheiten
* Wohlüberlegtes, stärkenorientiertes Abschlussfeedback („Das gebe ich Ihnen mit ...")

... spezifische Coachingtools der topografischen Arbeit:

- Reise durch mein Coaching: Mit Bodenankern die verschiedenen Entwicklungsetappen/Räume markieren, den Entwicklungsweg durchschreiten lassen, „Erkenntnisperlen" sammeln und aufschreiben
- Klienten spiegeln, wenn er im Dorado angekommen ist. Ausblick anhand des Modells, dass dauerhafter Aufenthalt (wenn überhaupt) nur möglich ist, wenn regelmäßig Ausbesserungsarbeiten am Dorado vorgenommen werden. („Welche Gefahren könnten drohen, wie könnte ich mich darauf einrichten?")

Literatur

Bolles, R. N. (2012). *Durchstarten zum Traumjob: Das ultimative Handbuch für Ein-, Um- und Aufsteiger.* Frankfurt a. M.: Campus.

Boothe, B. (2010). *Das Narrativ: Biografisches Erzählen im psychotherapeutischen Prozess.* Stuttgart: Schattauer.

Goldstein, C., & Schumann, K. von. (2014). Achtsamkeit im Coaching – Teil 1. Selbstwirksam durch eine komplexe Unternehmenswelt navigieren. *Rauen Coaching Newsletter, 3,* 1–3. https://www.coaching-newsletter.de. Zugegriffen: 25. Juli 2017.

Goldstein, C., & Schumann, K. von. (2014). Achtsamkeit im Coaching – Teil 2. Selbstwirksam durch eine komplexe Unternehmenswelt navigieren. *Rauen Coaching Newsletter, 4,* 1–3. https://www.coaching-newsletter.de. Zugegriffen: 25. Juli 2017.

Harss, C. (2009). Selbstreflektionsbögen im Coaching. *Wirtschaft und Weiterbildung, 7,* 38–41.

Harss, C., Liebich, D., & Michalka, M. (2011). *Konfliktmanagement für Führungskräfte. Lösungsstrategien, Mediation und Arbeitsrecht.* München: Vahlen.

Honey, P., & Mumford, A. (1982). *Manual of learning styles.* London: P Honey.

Hull, J. (2010). Storyfanatic – A journal of meaningful story structure. Ebook: http://narrativefirst.com/store.

Kaluza, G. (2011). *Stressbewältigung. Trainingsmanual zur psychologischen Gesundheitsförderung* (2. Aufl.). Berlin: Springer.

Kast, V. (1990). *Trauern. Phasen des psychischen Prozesses.* Stuttgart: Kreuz.

Lotmann, J. M. (1993). *Die Struktur literarischer Texte* (6. Aufl.). Paderborn: Fink.

Mayer, C. (2008). *Hieroglyphen der Psyche. Mit Patientenskizzen zum Kern der Psychodynamik.* Stuttgart: Schattauer.

Mayer, C. (2010). *Mit Fokuskarten zum Ziel. Ein Navigationssystem für Psychotherapeuten und Coaches.* Paderborn: Jungfermann.

Mayer, C. (2016). *Wie in der Psychotherapie Lösungen entstehen – Ein Prozessmodell mit Anregungen aus der Literatur- und Filmwissenschaft.* Wiesbaden: Springer.

Meyerhoff, J. (2011). *Alle Toten fliegen hoch. Teil 1: Amerika.* Köln: Kiepenheuer & Witsch.

Piaget, J., & Fatke, R. (Hrsg.). (1985). *Meine Theorie der geistigen Entwicklung.* Frankfurt a. M.: Fischer Taschenbuch.

© Springer Fachmedien Wiesbaden GmbH 2018
K. von Schumann und C. Harss, *Einführung in das topografische Coaching,*
essentials, DOI 10.1007/978-3-658-19476-5

Schein, E. H. (2005). *Karriereanker. Die verborgenen Muster in Ihrer beruflichen Entwicklung* (10. Aufl.). Darmstadt: Lanzenberger Looss Stadelmann.

Schmid, B., & Hipp, J. (o. Jg.). Antreiber-Dynamiken – Persönliche Inszenierungsstile und Coaching. http://www.systemische-professionalitaet.de/isbweb/component/option,com_docman/task,doc_view/gid,440/. Zugegriffen: 19. Juli 2017.

Schulz von Thun, F. (1998). *Miteinander Reden 3. Das „Innere Team" und situationsgerechte Kommunikation.* Reinbek bei Hamburg: Rowohlt Taschenbuch.

Seligman, M. E. P. (2005). *Der Glücks-Faktor. Warum Optimisten länger leben* (Neu Aufl.). Bergisch Gladbach: Bastei Lübbe.

Sparrer, I., & Kibéd, V. von. (2009). *Ganz im Gegenteil, Tetralemmaarbeit und andere Grundformen Systemischer Strukturaufstellungen – Für Querdenker und solche, die es werden wollen* (6. Aufl.). Heidelberg: Carl Auer.

Von Schumann, K. (2011). Dritte Dimension im Coaching durch verbales und individualisiertes 360-Grad-Feedback. *Coaching Magazin, 3,* 22–29.

Von Schumann, K. (2013). Coaching mit mediativen Anteilen. *Coaching Magazin, 3,* 30–34.

Von Schumann, K. (2017). Coaching als Führungsstil. Blog. https://www.coaching-als-fuehrungsstil.com. Zugegriffen: 19. Juli 2017.

Von Schumann, K., & Böttcher, T. (2016). *Coaching als Führungsstil, Eine Einführung für Führungskräfte, Personalentwickler und Berater.* Wiesbaden: Springer.

Von Schumann, K., & Völler, V. (2014). Karrierecoaching. Neue Türen öffnen. *managerSeminare, 195,* 8–12.

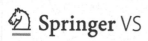

Lesen Sie hier weiter

Karin von Schumann · Tamaris Böttcher

Coaching als Führungsstil

Eine Einführung für Führungskräfte,
Personalentwickler und Berater

Karin von Schumann,
Tamaris Böttcher

Coaching als Führungsstil
Eine Einführung für Führungskräfte,
Personalentwickler und Berater

2016, IX, 35 S., 3 Abb.
Softcover € 9,99
ISBN 978-3-658-13022-0

Änderungen vorbehalten.
Erhältlich im Buchhandel oder beim Verlag.

Einfach portofrei bestellen:
leserservice@springer.com
tel +49 (0)6221 345-4301
springer.com

Springer

Printed in the United States
By Bookmasters